漫画でわかる

平成の30年

ICHIRO
51
ICHI-METER
262
平成

小学館

※この本は平成30年10月に刊行された『小学館版学習まんが 少年少女日本の歴史㉒ 平成の30年』を再編集したものです。

もくじ

新世紀《しんせいき》の諸問題《しょもんだい》

新《あたら》しい時代《じだい》へ

天皇陛下のおことば

天皇陛下御在位三十年記念式典
平成31年2月24日（日）（国立劇場）

在位三十年に当たり、政府並びに国の内外から寄せられた祝意に対し、深く感謝いたします。

即位から30年、こと多く過ぎた日々を振り返り、今日《こんにち》こうして国の内外の祝意に包まれ、このような日を迎えることを誠に感慨深く思います。

平成の30年間、日本は国民の平和を希求する強い意志に支えられ、近現代において初めて戦争を経験せぬ時代を持ちましたが、それはまた、決して平坦な時代ではなく、多くの予想せぬ困難に直面した時代でもありました。世界は気候変動の周期に入り、我が国も多くの自然災害に襲われ、また高齢化、少子化による人口構造の変化から、過去に経験のない多くの社会現象にも直面しました。島国として比較的恵まれた形で独自の文化を育ててきた我が国も、今、グローバル化する世界の中で、更に外に向かって開かれ、その中で叡智《えいち》を持って自らの立場を確立し、誠意を持って他国との関係を構築していくことが求められているのではないかと思います。

天皇として即位して以来今日《こんにち》まで、日々国の安寧と人々の幸せを祈り、象徴としていかにあるべきかを考えつつ過ごしてきました。しかし憲法で定められた象徴としての天皇像を模索する道は果てしなく遠く、これから先、私を継いでいく人たちが、次の時代、更に次の時代と象徴のあるべき姿を求め、先立つこの時代の象徴像を補い続けていってくれることを願っています。

天皇としてのこれまでの務めを、人々の助けを得て行うことができたことは幸せなことでした。これまでの私の全ての仕事は、国の組織の同意と支持のもと、初めて行い得たものであり、私がこれまで果たすべき務めを果たしてこられたのは、その統合の象徴であることに、誇りと喜びを持つことのできるこの国の人々の存在と、過去から今に至る長い年月に、日本人がつくり上げてきた、この国の持つ民度のお陰でした。災害の相次いだこの30年を通し、不幸にも被災の地で多くの悲しみに遭遇しながらも、健気《けなげ》に耐え抜いてきた人々、そして被災地の哀《かな》しみを我が事とし、様々な形で寄り添い続けてきた全国の人々の姿は、私の在位中の忘れ難い記憶の一つです。

今日この機会に、日本が苦しみと悲しみのさ中にあった時、少なからぬ関心を寄せられた諸外国の方々にも、お礼の気持ちを述べたく思います。数知れぬ多くの国や国際機関、また地域が、心のこもった援助を与えてくださいました。心より深く感謝いたします。

平成が始まって間もなく、皇后は感慨のこもった一首の歌を記しています。

ともどもに平《たひ》らけき代《よ》を築かむと諸人《もろひと》のことば国うちに充《み》つ

平成は昭和天皇の崩御と共に、深い悲しみに沈む諒闇《りょうあん》の中に歩みを始めました。そのような時でしたから、この歌にある「言葉」は、決して声高に語られたものではありませんでした。

しかしこの頃、全国各地より寄せられた「私たちも皇室と共に平和な日本をつくっていく」という静かな中にも決意に満ちた言葉を、私どもは今も大切に心にとどめています。

在位三十年に当たり、今日《こんにち》このような式典を催してくださった皆様に厚く感謝の意を表し、ここに改めて、我が国と世界の人々の安寧と幸せを祈ります。

（宮内庁ホームページより）

はじめに

平成という時代

金谷俊一郎
（歴史コメンテーター・教育ジャーナリスト・東進ハイスクール講師）

本書は、平成30年10月に発売された『小学館版学習まんが 少年少女日本の歴史22巻』を大人の皆さんに向けて再編集してお届けするものです。子ども向けの内容で、しかも「平成」ということなので、すべてわかっている内容かというと意外とわかっていないことも多いものです。抜けている知識もあるでしょうし、知識として知っていたとしても「なぜそれが起こったのか」というメカニズムについて説明しようとすると、なかなかできなかったりします。本書は、それらの「なぜ」とメカニズムについて、漫画を使って立体的に解説しています。

◆平成の始まり

「バブル」といって知らない人はいないと思います。それでは、なぜバブル景気になったのか、バブル景気はどのような理由で終わっていったのか、バブル景気の終焉と現在のデフレの因果関係は？　それらについて本書では一つ一つ、漫画を使って立体的に解説しています。また阪神・淡路大震災をはじめとした自然災害や、地下鉄サリン事件といった日本を苦しめた事件についても、時系列を追って説明しています。

◆変わる国際情勢と日本

平成という時代は、日本の歴史を学ぶ場合でも世界と切り離すことはできません。平成の始まりとともに東西冷戦が終わります。しかし世界から戦争はなくなりません。湾岸戦争が起こったことで、日本には自衛隊の海外派遣という、それまでは出てこなかった新しい問題が浮上します。その結果、ＰＫＯ協力法案が成立し、自衛隊の海外派遣が始まります。現在でも問題になっている自衛隊についての議論の発端が、この時期に始まるのです。

また、冷戦終結とともに55年体制も終わります。それまでは自由民主党の単独政権が当然の時代でしたが、ここから連立政権の時代を迎えていきます。様々な政党が生まれては消えていきましたが、本書では、そのあたりも順を追って解説しています。また1990年代後半の厳しい経済状況についても、その理由とともに解説しています。

◆21世紀の世界地図

21世紀になると小泉純一郎首相の「聖域なき構造改革」と安倍晋三首相の「アベノミクス」という改革が始まります。普段の生活では、これらを毎日のニュースなどでリアルタイムに見ていたため、なかなか全体像を俯瞰する機会がなかったかもしれません。歴史を学ぶ良いところは、「時代を俯瞰して、その時代を総括できる」ところです。是非とも本書で、「平成の21世紀」を俯瞰していただければと考えます。

一方、世界に目を向けると、アメリカの同時多発テロをきっかけにテロとの戦いが始まります。それまでの、国と国とが争うという構図ではなくなるのです。日本も竹島問題や尖閣諸島問題、米軍基地移転問題など多くの国際問題を抱えています。日本が直面しているのは国際問題だけではありません。少子高齢化や地球温暖化、そして原子力発電所問題など、様々な問題が山積みとなっており、これらの問題にはまだ明確な解答を歴史が下していません。本書を通じて「現在、日本が抱えている課題」について再確認する機会になればと考えています。

平成を知ることは、今、日本や世界で起こっている様々な問題を解決するための「カギ」ともなっています。歴史というのは単なる過去の出来事ではないのです。「今」、そして「未来」へとつながっているのです。未来へのバトンを次の世代に渡すにあたって、すべての大人の皆さんに改めてこの「平成」という時代を知ってもらいたいと思います。私は小さい頃から学習まんがを手放さない子どもでした。そして学習まんがで育ち、歴史のプロにまでなりました。漫画だからといっても意外と侮れないものですよ。

平成を締めくくるにあたって、皆さんの持っている知識の「点」を、「線」につなげて「面」にして「立体化」していくことによって、平成という時代を振り返る機会になれば、これ以上のことはありません。

平成のできごと

時代《じだい》・年号《ねんごう》	西暦《せいれき》	日本《にっぽん》のおもなできごと
成《せい》 平成元年	1989	昭和天皇《しょうわてんのう》がなくなり、新天皇《しんてんのう》が即位《そくい》する。 消費税《しょうひぜい》が導入《どうにゅう》される（3％《パーセント》）。
二	1990	大蔵省《おおくらしょう》（現在《げんざい》の財務省《ざいむしょう》）が不動産融資《ふどうさんゆうし》の総量規制《そうりょうきせい》を通達《つうたつ》する。
三	1991	雲仙普賢岳《うんぜんふげんだけ》で大規模火砕流《だいきぼかさいりゅう》が発生《はっせい》する。
四	1992	ＰＫＯ《ピーケーオー》協力法《きょうりょくほう》が成立《せいりつ》し、自衛隊《じえいたい》がカンボジアに派遣《はけん》される。
五	1993	Ｊ《ジェイ》リーグが始《はじ》まる。 55年体制《ねんたいせい》が崩壊《ほうかい》する。
六	1994	松本《まつもと》サリン事件《じけん》がおこる。
七	1995	阪神《はんしん》・淡路大震災《あわじだいしんさい》がおこる。地下鉄《ちかてつ》サリン事件《じけん》がおこる。
九	1997	消費税《しょうひぜい》が5％《パーセント》になる。 北海道拓殖銀行《ほっかいどうたくしょくぎんこう》が倒産《とうさん》、山一證券《やまいちしょうけん》が経営破綻《けいえいはたん》する。 京都議定書《きょうとぎていしょ》が結《むす》ばれる。
十	1998	長野冬季《ながのとうき》オリンピック・パラリンピックが開催《かいさい》される。 特定非営利活動促進法《とくていひえいりかつどうそくしんほう》（ＮＰＯ法《エヌピーオーほう》）が施行《しこう》される。
十二	2000	沖縄《おきなわ》サミットが開催《かいさい》される。
十三	2001	中央省庁《ちゅうおうしょうちょう》が再編《さいへん》、1府《ぶ》22省庁《しょうちょう》が1府《ぶ》12省庁《しょうちょう》に。

西暦《せいれき》	世界《せかい》のおもなできごと
1989	中国《ちゅうごく》で天安門事件《てんあんもんじけん》がおこる。 マルタ会談《かいだん》が行《おこな》われ、冷戦《れいせん》が終《お》わる。
1990	東西《とうざい》ドイツが統一《とういつ》される。
1991	湾岸戦争《わんがんせんそう》がおこる。
1993	欧州連合《おうしゅうれんごう》(ＥＵ《イーユー》)が発足《ほっそく》する。 クリントンがアメリカ大統領《だいとうりょう》に就任《しゅうにん》する。
1996	国連《こくれん》で包括的核実験禁止条約《ほうかつてきかくじっけんきんしじょうやく》(ＣＴＢＴ《シーティービーティー》)が採択《さいたく》される。
1997	イギリスが中国《ちゅうごく》に香港《ホンコン》を返還《へんかん》する。
2001	アメリカ同時多発《どうじたはつ》テロがおこる。

平《へい》

一四 ●2002
日韓共催《にっかんきょうさい》のサッカーワールドカップが行《おこな》われる。
日朝首脳会談《にっちょうしゅのうかいだん》が行《おこな》われる。

一五 ●2003
地上《ちじょう》デジタル放送《ほうそう》が始《はじ》まる。

一六 ●2004
新潟県中越地震《にいがたけんちゅうえつじしん》がおこる。

一七 ●2005
郵政民営化法《ゆうせいみんえいかほう》が成立《せいりつ》する。

一八 ●2006
安倍晋三内閣《あべしんぞうないかく》（第一次《だいいちじ》）が発足《ほっそく》する。

二〇 ●2008
北海道《ほっかいどう》で洞爺湖《とうやこ》サミットが開催《かいさい》される。

二一 ●2009
裁判員裁判制度《さいばんいんさいばんせいど》がスタートする。

二二 ●2010
小惑星探査機《しょうわくせいたんさき》「はやぶさ」が帰還《きかん》する。

二三 ●2011
東日本大震災《ひがしにほんだいしんさい》がおこる。

二四 ●2012
東京《とうきょう》スカイツリーが完成《かんせい》する。
尖閣諸島《せんかくしょとう》を国有化《こくゆうか》する。

二五 ●2013
2020年《ねん》のオリンピック・パラリンピック開催地《かいさいち》が東京《とうきょう》に決《き》まる。

二六 ●2014
消費税《しょうひぜい》が8%《パーセント》になる。集団的自衛権《しゅうだんてきじえいけん》の限定的容認《げんていてきようにん》が決定《けってい》。

二八 ●2016
マイナンバー制度《せいど》がスタートする。
熊本地震《くまもとじしん》がおこる。

二九 ●2017
選挙権年齢《せんきょけんねんれい》が18歳《さい》に引《ひ》き下《さ》げられる。

三〇 ●2018
都議会選挙《とぎかいせんきょ》で自民党《じみんとう》が敗《やぶ》れる。

三一 ●2019
西日本豪雨《にしにほんごうう》で各地《かくち》にじん大《だい》な被害《ひがい》が相次《あいつ》ぐ。
（天皇《てんのう》が退位《たいい》し、新《あたら》しい元号《げんごう》になる。）

●2003
イラク戦争《せんそう》が始《はじ》まる。

●2005
京都議定書《きょうとぎていしょ》が発効《はっこう》する。

●2008
リーマン・ショックが発生《はっせい》する。

●2009
バラク・オバマがアメリカ大統領《だいとうりょう》に就任《しゅうにん》する。

●2012
習近平《しゅうきんぺい》が中国《ちゅうごく》(共産党《きょうさんとう》)の総《そう》書記《しょき》に就任《しゅうにん》する。

●2015
パリ同時多発《どうじたはつ》テロがおこる。

●2017
ドナルド・トランプがアメリカ大統領《だいとうりょう》に就任《しゅうにん》する。

●2018
板門店宣言《はんもんてんせんげん》が出《だ》される。

史跡《しせき》
クローズアップ

未来《みらい》に向《む》けて守《まも》り続《つづ》けたい

日本《にっぽん》の世界遺産《せかいいさん》

世界遺産《せかいいさん》とは、世界中《せかいじゅう》の人《ひと》たちの宝物《たからもの》として、守《まも》っていく必要《ひつよう》のある貴重《きちょう》な文化財《ぶんかざい》（＝文化遺産《ぶんかいさん》）や自然《しぜん》（＝自然遺産《しぜんいさん》）などのことです。ユネスコ（国際連合教育科学文化機関《こくさいれんごうきょういくかがくぶんかきかん》）による厳《きび》しい審査《しんさ》を受《う》けて登録《とうろく》されます。日本《にっぽん》には、4つの自然遺産《しぜんいさん》と18の文化遺産《ぶんかいさん》があります（2019年《ねん》3月現在《がつげんざい》）。

自然遺産《しぜんいさん》

2005
(平成《へいせい》17年《ねん》)
登録《とうろく》

知床《しれとこ》（北海道《ほっかいどう》）

海《うみ》と山《やま》が影響《えいきょう》を及《およ》ぼしあう独自《どくじ》の生態系《せいたいけい》を持《も》ち、さまざまな生物《せいぶつ》が生息《せいそく》している。写真《しゃしん》は知床五湖《しれとこごこ》。

1993
(平成《へいせい》5年《ねん》)
登録《とうろく》

屋久島《やくしま》（鹿児島《かごしま》）

屋久杉原生林《やくすぎげんせいりん》や白谷雲水峡《しらたにうんすいきょう》など、豊《ゆた》かな自然《しぜん》に満《み》ちあふれた島《しま》。写真《しゃしん》は樹齢《じゅれい》7200年《ねん》といわれる縄文杉《じょうもんすぎ》。

2011
(平成《へいせい》23年《ねん》)
登録《とうろく》

小笠原諸島《おがさわらしょとう》（東京《とうきょう》）

東京《とうきょう》から南《みなみ》におよそ1,000km《キロメートル》離《はな》れた島々《しまじま》。「東洋《とうよう》のガラパゴス」と呼《よ》ばれるほど、独自《どくじ》の生態系《せいたいけい》を持《も》っている。

1993
(平成《へいせい》5年《ねん》)
登録《とうろく》

白神山地《しらかみさんち》（青森《あおもり》、秋田《あきた》）

人《ひと》の影響《えいきょう》をほとんど受《う》けていない、世界最大級《せかいさいだいきゅう》の原生《げんせい》的《てき》なブナ天然林《てんねんりん》。標高《ひょうこう》1,000m《メートル》級《きゅう》、面積《めんせき》約《やく》170平方《へいほう》km《キロメートル》。

文化遺産《ぶんかいさん》

1995
(平成《へいせい》7年《ねん》)
登録《とうろく》

白川郷《しらかわごう》・五箇山《ごかやま》の合掌造《がっしょうづく》り集落《しゅうらく》（岐阜《ぎふ》、富山《とやま》）

岐阜県大野郡白川村《ぎふけんおおのぐんしらかわむら》と、富山県南砺市《とやまけんなんとし》の五箇山《ごかやま》の、合掌造《がっしょうづく》りの建物《たてもの》がきれいに残《のこ》っている3つの集落《しゅうらく》が登録《とうろく》されている。

1993
(平成《へいせい》5年《ねん》)
登録《とうろく》

法隆寺地域《ほうりゅうじちいき》の仏教建造物《ぶっきょうけんぞうぶつ》（奈良《なら》）

法隆寺《ほうりゅうじ》の建造物《けんぞうぶつ》47棟《とう》に、法起寺《ほっきじ》の三重塔《さんじゅうのとう》を加《くわ》えた48棟《とう》が登録《とうろく》。写真《しゃしん》は斑鳩《いかるが》の里《さと》から見《み》た法隆寺《ほうりゅうじ》の五重塔《ごじゅうのとう》。

1996
(平成《へいせい》8年《ねん》)
登録《とうろく》

原爆《げんばく》ドーム（広島《ひろしま》）

太平洋戦争中《たいへいようせんそうちゅう》の1945（昭和《しょうわ》20）年《ねん》8月《がつ》6日《か》に、原子爆弾《げんしばくだん》が投下《とうか》された「広島県産業奨励館《ひろしまけんさんぎょうしょうれいかん》」だった建物《たてもの》の残骸《ざんがい》。

1993
(平成《へいせい》5年《ねん》)
登録《とうろく》

姫路城《ひめじじょう》（兵庫《ひょうご》）

城壁《じょうへき》が白《しろ》しっくいで塗《ぬ》られていて、白鷺《しらさぎ》が羽《はね》を広《ひろ》げたような美《うつく》しい姿《すがた》から、白鷺城《しらさぎじょう》とも呼《よ》ばれ親《した》しまれている。

1996
(平成《へいせい》8年《ねん》)
登録《とうろく》

厳島神社《いつくしまじんじゃ》（広島《ひろしま》）

平清盛《たいらのきよもり》が、海上《かいじょう》の大規模《だいきぼ》な社殿《しゃでん》を建《た》てる。平家納経《へいけのうきょう》をはじめとする国宝《こくほう》・重要文化財《じゅうようぶんかざい》の工芸品《げいひん》が納《おさ》められている。

1994
(平成《へいせい》6年《ねん》)
登録《とうろく》

古都京都《ことkyoto》の文化財《ぶんかざい》（京都《きょうと》、滋賀《しが》）

京都市《きょうとし》とその周辺《しゅうへん》の17か所《しょ》の寺社《じしゃ》と城郭《じょうかく》が登録《とうろく》されている。写真《しゃしん》は坂上田村麻呂《さかのうえのたむらまろ》が建《た》てたといわれる清水寺《きよみずでら》。

2004
（平成《へいせい》16年《ねん》）
登録《とうろく》

紀伊山地《きいさんち》の霊場《れいじょう》と参詣道《さんけいみち》
（奈良《なら》、和歌山《わかやま》、三重《みえ》）

熊野三山《くまのさんざん》、吉野《よしの》・大峰《おおみね》、高野山《こうやさん》と、参詣道《さんけいみち》（熊野参詣道《くまのさんけいみち》、大峯奥駈道《おおみねおくがけみち》、高野山町石道《こうやさんちょういしみち》）が登録《とうろく》。写真《しゃしん》は熊野参詣道《くまのさんけいみち》。

1998
（平成《へいせい》10年《ねん》）
登録《とうろく》

古都奈良《ことなら》の文化財《ぶんかざい》（奈良《なら》）

東大寺《とうだいじ》、薬師寺《やくしじ》、興福寺《こうふくじ》など、教科書《きょうかしょ》に登場《とうじょう》する有名《ゆうめい》な場所《ばしょ》が多《おお》く登録《とうろく》。写真《しゃしん》は鑑真《がんじん》が建《た》てた唐招提寺《とうしょうだいじ》。

2007
（平成《へいせい》19年《ねん》）
登録《とうろく》

石見銀山遺跡《いわみぎんざんいせき》とその文化的景観《ぶんかてきけいかん》
（島根《しまね》）

16世紀《せいき》から環境《かんきょう》に配慮《はいりょ》し、自然《しぜん》と共生《きょうせい》した鉱山運営《こうざんうんえい》を行《おこな》っていた石見銀山《いわみぎんざん》。写真《しゃしん》は石見銀山資料館《いわみぎんざんしりょうかん》。

1999
（平成《へいせい》11年《ねん》）
登録《とうろく》

日光《にっこう》の社寺《しゃじ》
（栃木《とちぎ》）

日光山《にっこうさん》の中《なか》にある東照宮《とうしょうぐう》、二荒山神社《ふたらさんじんじゃ》、輪王寺《りんのうじ》などと、周囲《しゅうい》の自然《しぜん》がセットで登録《とうろく》。写真《しゃしん》は東照宮《とうしょうぐう》の陽明門《ようめいもん》。

2011
（平成《へいせい》23年《ねん》）
登録《とうろく》

平泉《ひらいずみ》——仏国土《ぶっこくど》（浄土《じょうど》）を表《あらわ》す建築《けんちく》・庭園及《ていえんおよ》び考古学的《こうこがくてき》遺跡群《いせきぐん》（岩手《いわて》）

平安時代《へいあんじだい》に、奥州藤原氏《おうしゅうふじわらし》が浄土思想《じょうどしそう》により建《た》てた寺《てら》や庭園《ていえん》。極楽浄土《ごくらくじょうど》を再現《さいげん》しようと作《つく》られている。写真《しゃしん》は中尊寺本堂《ちゅうそんじほんどう》。

2000
（平成《へいせい》12年《ねん》）
登録《とうろく》

琉球王国《りゅうきゅうおうこく》のグスクおよび関連遺産群《かんれんいさんぐん》
（沖縄《おきなわ》）

沖縄本島南部《おきなわほんとうなんぶ》を中心《ちゅうしん》に点在《てんざい》するグスク（古代《こだい》の王《おう》や貴族《きぞく》が住《す》んだ城跡《じょうせき》）などの、琉球王国《りゅうきゅうおうこく》の9つの史跡群《しせきぐん》。写真《しゃしん》は首里城跡《しゅりじょうあと》。

2016
(平成《へいせい》28年《ねん》)
登録《とうろく》

ル・コルビュジエの建築作品《けんちくさくひん》 ―近代建築《きんだいけんちく》への顕著《けんちょ》な貢献《こうけん》―

(東京《とうきょう》)

世界中《せかいじゅう》に70点《てん》ほど残《のこ》るル・コルビュジエの建築物《けんちくぶつ》のうち、17点《てん》が登録《とうろく》された。写真《しゃしん》は東京《とうきょう》・上野《うえの》にある国立西洋美術館《こくりつせいようびじゅつかん》。

2013
(平成《へいせい》25年《ねん》)
登録《とうろく》

富士山《ふじさん》 ―― 信仰《しんこう》の対象《たいしょう》と芸術《げいじゅつ》の源泉《げんせん》

(山梨《やまなし》、静岡《しずおか》)

山頂《さんちょう》だけでなく、各登山《かくとざん》道《どう》や北口本宮冨士浅間神社《きたぐちほんぐうふじせんげんじんじゃ》、富士五湖《ふじごこ》、青木ヶ原《あおきがはら》樹海《じゅかい》、三保《みほ》の松原《まつばら》なども登録対象《とうろくたいしょう》になっている。

2017
(平成《へいせい》29年《ねん》)
登録《とうろく》

「神宿《かみやど》る島《しま》」宗像《むなかた》・沖《おき》ノ島《しま》と関連遺産群《かんれんいさんぐん》

(福岡《ふくおか》)

島全体《しまぜんたい》を信仰《しんこう》の対象《たいしょう》とする沖《おき》ノ島《しま》は「神宿《かみやど》る島《しま》」として、宗像大社《むなかたたいしゃ》の神職以外《しんしょくいがい》は、原則立《げんそくた》ち入《い》り禁止《きんし》になっている。

2014
(平成《へいせい》26年《ねん》)
登録《とうろく》

富岡製糸場《とみおかせいしじょう》と絹産業遺産群《きぬさんぎょういさんぐん》

(群馬《ぐんま》)

殖産興業政策《しょくさんこうぎょうせいさく》の一環《いっかん》として、1872(明治《めいじ》4)年《ねん》に開業《かいぎょう》。フランスから技師《ぎし》を招《まね》き、最初《さいしょ》は官営工場《かんえいこうじょう》としてスタートした。

2018
(平成《へいせい》30年《ねん》)
登録《とうろく》

長崎《ながさき》と天草地方《あまくさちほう》の潜伏《せんぷく》キリシタン関連遺産《かんれんいさん》(長崎《ながさき》、熊本《くまもと》)

江戸幕府《えどばくふ》によりキリスト教《きょう》が禁《きん》じられた時代《じだい》、ひそかに信仰《しんこう》を続《つづ》けたキリシタンが育《はぐく》んだ文化《ぶんか》。写真《しゃしん》は大浦天主堂《おおうらてんしゅどう》。

2015
(平成《へいせい》27年《ねん》)
登録《とうろく》

明治日本《めいじにほん》の産業革命《さんぎょうかくめい》遺産《いさん》 製鉄《せいてつ》・製鋼《せいこう》、造船《ぞうせん》、石炭産業《せきたんさんぎょう》

(福岡《ふくおか》、佐賀《さが》、長崎《ながさき》、熊本《くまもと》、鹿児島《かごしま》、山口《やまぐち》、岩手《いわて》、静岡《しずおか》)

明治時代《めいじじだい》の日本《にっぽん》の発展《はってん》の軌跡《きせき》をたどる世界遺産《せかいいさん》。8つの県《けん》に点在《てんざい》している。写真《しゃしん》は長崎県《ながさきけん》の端島《はしま》(通称《つうしょう》・軍艦島《ぐんかんじま》)。

第《だい》一章《しょう》 平《へい》成《せい》の始《はじ》まり

2019年《ねん》5月《がつ》に、
日本《にっぽん》は新《あたら》しい元号《げんごう》、
新《あたら》しい天皇《てんのう》のもとで
次《つぎ》の時代《だい》へ一歩《いっぽ》を踏《ふ》み出《だ》します。
「平成《へいせい》」の時代《じだい》はおよそ30年《ねん》。
歴代《れきだい》の元号《げんごう》の中《なか》でも4番目《ばんめ》の
長《なが》さを誇《ほこ》りました。
この本《ほん》では、その30年間《ねんかん》で
日本《にっぽん》が、そして世界《せかい》がどのように
変《か》わっていったのかを、
ある家族《かぞく》を中心《ちゅうしん》に描《えが》いていきます。

▲1988（昭和《しょうわ》63）年《ねん》に着工《ちゃっこう》、1990（平成《へいせい》２）年《ねん》に完成《かんせい》した、東京都庁舎《とうきょうとちょうしゃ》。

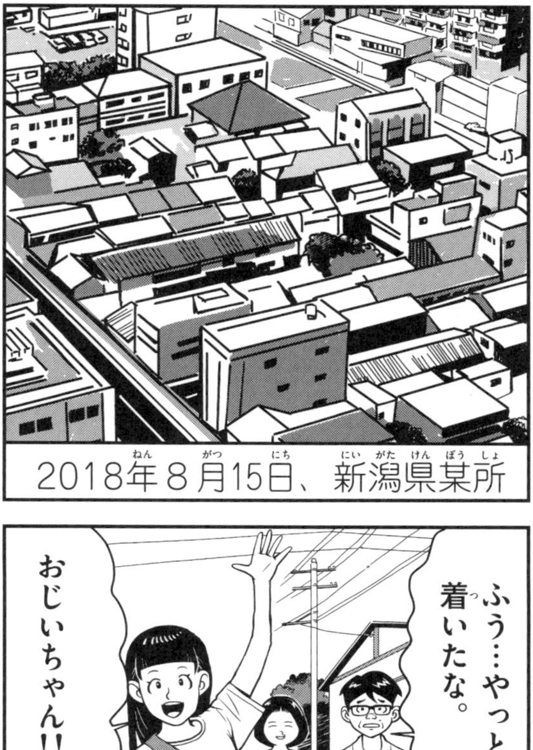
2018年《ねん》8月《がつ》15日《にち》、新《にい》潟《がた》県《けん》某《ぼう》所《しょ》
ふう…やっと着《つ》いたな。
おじいちゃん!!
おお、意外《いがい》と早《はや》かったな。
ごぶさたしています。
ひさしぶり〜

美佳《みか》ちゃん、大《おお》きくなったな。あれ？ 健《けん》人《と》君《くん》は？
部活《ぶかつ》の合宿《がっしゅく》でおとといから1週間《しゅうかん》、山中湖《やまなかこ》に泊《と》まりこみだって。
中《ちゅう》1なのにたいへんじゃな。何部《なにぶ》に入《はい》った？
将棋部《しょうぎぶ》なの。
第二《だいに》の藤井《ふじい》7段《だん》を目指《めざ》すんだって。
パチン
ほほう。
美佳《みか》ちゃんは部活《ぶかつ》はやってないのか。
もう高《こう》3だもん。部活《ぶかつ》はこの前《まえ》引退《いんたい》したわ。
ダンス部《ぶ》。
まあ立《た》ち話《ばなし》も何《なん》じゃ、上《あ》がりなさい。
ワーワー

ウウ
…ウウ〜
夏《なつ》の高校野球《こうこうやきゅう》は今年《ことし》で100回目《かいめ》らしいね。
ええ？＊甲子園《こうしえん》ってそんな昔《むかし》からやってるの？
ああ、＊戦争《せんそう》などで中断《ちゅうだん》された期間《きかん》もあったそうだが、
確《たし》か第《だい》1回大会《かいたいかい》は大正《たいしょう》4年《ねん》……と言《い》ってもわからんか。
1915年《ねん》だから、関東大震災《かんとうだいしんさい》の8年前《ねんまえ》のことじゃの。
TOTTORI
大正《たいしょう》って、昭和《しょうわ》の前《まえ》の元号《げんごう》？
慶応《けいおう》
1868
明治《めいじ》
1912
大正《たいしょう》
1926
昭和《しょうわ》
1989
平成《へいせい》
そうだよ。江戸幕府《えどばくふ》の最後《さいご》が慶応《けいおう》、次《つぎ》が明治《めいじ》、その後《あと》が大正時代《たいしょうじだい》。習《なら》ってないのか？
私《わたし》、日本史《にほんし》とってないもん。

＊戦争《せんそう》…1941（昭和《しょうわ》16）年《ねん》から1945（昭和《しょうわ》20）年《ねん》の間《あいだ》、第二次世界大戦《だいにじせかいたいせん》の影響《えいきょう》で中断《ちゅうだん》。

＊甲子園《こうしえん》…甲子園球場《こうしえんきゅうじょう》が会場《かいじょう》になったのは1924（大正《たいしょう》13）年《ねん》から。

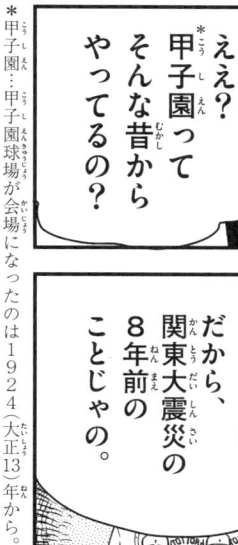

中学《ちゅうがく》で習《なら》ってるはずだ!!
あ…
おじいちゃん、そう言《い》えばそろそろ新《あたら》しい元号《げんごう》になるんだよね?
おお、来年《らいねん》には決《き》まるじゃろう。
来年《らいねん》…つまり平成《へいせい》31年《ねん》の4月《がつ》30日《にち》に、今《いま》の天皇陛下《てんのうへいか》が退位《たいい》されて、
500
○△元年
翌《よく》5月《がつ》1日《ついたち》に皇太子様《こうたいしさま》の天皇即位《てんのうそくい》があり、新《あたら》しい元号《げんごう》が始《はじ》まるんじゃ。
ふーん……元号《げんごう》が変《か》わるって実感《じっかん》がわかない…
西暦《せいれき》だけじゃダメなの?
ダメってことはないが、日本《にっぽん》の場合《ばあい》は官公庁《かんこうちょう》の書類《しょるい》とかは原則《げんそく》として元号《げんごう》で書《か》くことになっとるからな。
へえ。
ほらほら、お腹《なか》すいたでしょ、食《た》べて食《た》べて。
わぁ──私《わたし》おばあちゃんのソーメン大好《だいす》き!!
パチパチ
パチパチ

でも今度《こんど》はどんな元号《げんごう》になるのかしらね。
ちゅるん
おじいちゃんもおばあちゃんも昭和《しょうわ》生《う》まれよね？
「平成《へいせい》」って聞《き》いた時《とき》、どう思《おも》った？
え？
どうって言《い》われてもねえ……
どうでした？
昭和《しょうわ》13年《ねん》生《う》まれ
昭和《しょうわ》17年《ねん》生《う》まれ
そうじゃな、「平和《へいわ》」が「成《な》る」という意味《いみ》ではいい元号《げんごう》だと思《おも》ったぞ。
そうなんだ。

しかし それよりも、もう昭和《しょうわ》じゃないんだという気持《きも》ちのほうが強《つよ》かったかもしれん。
さみしいというか…
そっか……お父《とう》さんは?
うん、それは確《たし》かに感《かん》じたな。
モグモグ
お父《とう》さんの名前《なまえ》には「昭和《しょうわ》」の「和《わ》」の字《じ》があるだろ?
和夫《かずお》 昭和《しょうわ》41年《ねん》生《う》まれ
あれはおじいちゃんが「平和《へいわ》」と「昭和《しょうわ》」からつけてくれたんだ。
へー、はじめて聞《き》いたかも。
だから、昭和《しょうわ》がなくなるのは、確《たし》かにさみしかった。
ふうん…おじいちゃんと同《おな》じなんだね。
あの時《とき》は、日本中《にっぽんじゅう》が落《お》ち着《つ》かない感《かん》じがあったなあ。
え…?

1989（昭和《しょうわ》64）年《ねん》1月《がつ》7日《なのか》、朝《あさ》——
それじゃ、いってきます。
和夫《かずお》・22歳《さい》
ちゃんと大学《だいがく》卒業《そつぎょう》するんだよ。
うん、大丈夫《だいじょうぶ》だって。

新潟駅
ふう……いよいよ大学生活《だいがくせいかつ》も最後《さいご》か……
和夫《かずお》じゃないか。
!
おう、橋本《はしもと》か。ひさしぶりだな。
おまえも東京《とうきょう》にもどるなら、いっしょに行《い》こうぜ。
そうだな。お、来《き》たぞ、新幹線《しんかんせん》。

ゴォーー
ハハハハハ
それにしてもひさしぶりだな。いつ以来《いらい》だ？
3年《ねん》ぶりかな。
そう言《い》えば新年《しんねん》のあいさつがまだだったな。
あけましておめでとう。今年《ことし》もよろしく。
…
…
…ああ。
？
どうした？

いや……あんまりめでたいめでたいって大声《おおごえ》で言《い》うのもな……
ピンポンパンポーン
ん？
本日《ほんじつ》午前《ごぜん》6時《じ》33分《ぷん》、天《てん》皇《のう》陛《へい》下《か》が＊崩《ほう》御《ぎょ》されました。
え!!
くり返《かえ》します。本日《ほんじつ》、午前《ごぜん》6時《じ》…
……

＊崩御《ほうぎょ》…天皇《てんのう》や皇后《こうごう》が亡《な》くなること。

街《まち》は天皇崩御《てんのうほうぎょ》を悲《かな》しむように、ネオンなどは消《け》され、静《しず》まり返《かえ》り——
番組改編
テレビでもお笑《わら》いやバラエティ番組《ばんぐみ》などは自粛《じしゅく》されました。
○△新聞
天皇陛下 崩御
昭和終わる
新《あら》たに親王《しんのう》が即位《そくい》、元号《げんごう》は「平成《へいせい》」となったのです。
平成《へいせい》です。
平成
小渕恵三《おぶちけいぞう》内閣官房長官《ないかくかんぼうちょうかん》

春《はる》——
君《きみ》たち若《わか》き社員《しゃいん》に、
新《あたら》しい時代《じだい》の担《にな》い手《て》として奮起《ふんき》を期待《きたい》する!
入社式
この年《とし》の*求人《きゅうじん》は1・25倍《ばい》という*売《う》り手市場《てしじょう》でした。
我《わ》が社《しゃ》にとって…
和夫《かずお》・22歳《さい》
また1986(昭和《しょうわ》61)年《ねん》に男女雇用機会均等法《だんじょこようきかいきんとうほう》がスタートしていたこともあり、女性《じょせい》の社会進出《しゃかいしんしゅつ》が目立《めだ》つようになります。
私《わたし》たちがんばります!!

＊求人《きゅうじん》…会社《かいしゃ》などが働《はたら》く人《ひと》を求《もと》めること。

＊売《う》り手市場《てしじょう》…求人数《きゅうじんすう》がふくれあがり、就職希望者《しゅうしょくきぼうしゃ》(売《う》り手《て》)に有利《ゆうり》な状況《じょうきょう》のこと。

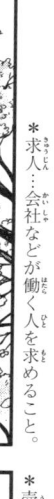

当時《とうじ》は
いわゆる
バブル景気《けいき》の
真《ま》っ最中《さいちゅう》でな、
貧乏学生《びんぼうがくせい》だった
父《とう》さんも
あっという間《ま》に
その仲間入《なかまい》りさ。

4月《がつ》からは
*消費税《しょうひぜい》が
導入《どうにゅう》されてね。
最初《さいしょ》は
モノの売《う》れ行《ゆ》きが
悪《わる》くなって
景気《けいき》も悪《わる》く
なるんじゃないかと
心配《しんぱい》されたん
だが……

*消費税《しょうひぜい》…お金《かね》を使《つか》った時《とき》、その行為《こうい》にかかる税金《ぜいきん》。

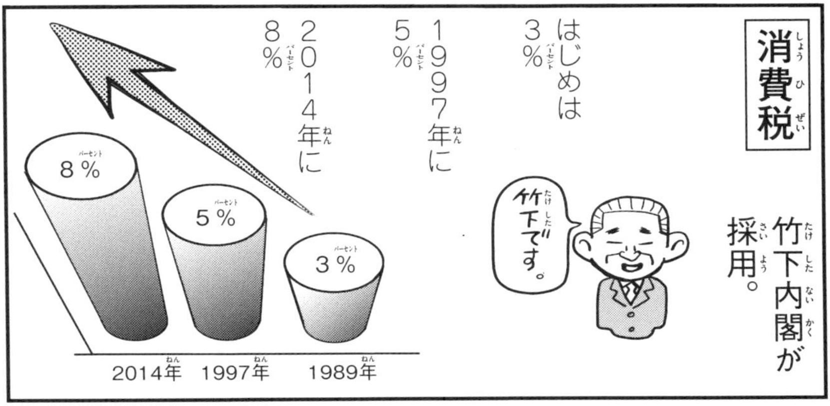
消費税《しょうひぜい》
竹下内閣《たけしたないかく》が
採用《さいよう》。
はじめは
3%《パーセント》
1997年《ねん》に
5%《パーセント》
2014年《ねん》に
8%《パーセント》
竹下《たけした》です。
8%《パーセント》
5%《パーセント》
3%《パーセント》
2014年《ねん》
1997年《ねん》
1989年《ねん》

おい新人《しんじん》！
は、はい…
酔《よ》った…
酒
フラフラ
お前《まえ》、まだロクに働《はたら》いてないのに高《たか》い給料《きゅうりょう》もらえてうれしいだろう。
そ、そんな、センパイ…
フラッ
のみ処 いっぱい
やきとり 丸
高《たか》い給料《きゅうりょう》といえば、この前《まえ》また次長《じちょう》が新《あたら》しいゴルフ場《じょう》の会員権《かいいんけん》を買《か》ったってよ。
3500万円《まんえん》だって！
ええっ！
3ぜん…ですか…
ウン億《おく》円《えん》
部長《ぶちょう》は*億《おく》ション買《か》っちゃうし。
ひえっ!!
オレの彼女《かのじょ》も高級《こうきゅう》ブランド買《か》いあさりさ。
ほえ〜

*億《おく》ション…1億《おく》円《えん》以《い》上《じょう》の分譲《ぶんじょう》マンションのこと。マンション（=万《まん》ション）よりも高《たか》いという意味《いみ》でこうよばれた。

*日経平均株価《にっけいへいきんかぶか》…日本《にっぽん》を代表《だいひょう》する225社《しゃ》の株式《かぶしき》の平均価格《へいきんかかく》。

*ジュリアナ東京《とうきょう》…東京都港区芝浦《とうきょうとみなとくしばうら》にあった、有名《ゆうめい》なディスコ。

＊業界用語《ぎょうかいようご》…特《とく》にマスコミ業界《ぎょうかい》で使《つか》われた独特《どくとく》の用語《ようご》。　＊ティラミス…イタリアのデザートの一種《いっしゅ》。　＊DC《ディーシー》ブランド…日本《にっぽん》の衣服《いふく》メーカーのブランド。デザイナーズ&《アンド》キャラクターブランド。＊ワンレン…女性《じょせい》の髪形《かみがた》で、たらした髪《かみ》を同《おな》じ長《なが》さに切《き》りそろえたもの。ワンレングス。　＊ボディコン…女性《じょせい》のファッションで、体《からだ》にぴったりそわせたスーツやワンピースのこと。ボディコンシャス。

タッタタラリラピ〜ヒャラピー
子《こ》どもたちの間《あいだ》では、この年《とし》発売《はつばい》されたゲームボーイが大流行《だいりゅうこう》しました。
Nintendo GAMEBOY
ピョロリン♪
*ワンレン
タクシーのりばの行列《ぎょうれつ》
タクシー乗場
TAXI
*ボディコン
HOT DOG
また、家族《かぞく》での海外旅行《かいがいりょこう》やスキー旅行《りょこう》などが大《だい》ブーム。日本全体《にっぽんぜんたい》が浮《う》かれた雰囲気《ふんいき》に包《つつ》まれていました。

かなり浮《う》かれてたってわけね。
そうだな。
父《とう》さんたちはそれから何年《なんねん》たっても「バブル世代《せだい》」って言《い》われるんだよ。
バブル世代《せだい》？
そ…あいつらはバブル世代《せだい》だから仕事《しごと》ができない…なんてな。
へぇ。
そもそもバブルのきっかけは、1985（昭和《しょうわ》60）年《ねん》の、
*プラザホテル
プラザ合意《ごうい》といわれます。
当時《とうじ》、深刻《しんこく》な貿易《ぼうえき》赤字《あかじ》を抱《かか》えていたアメリカのために、
日本《にっぽん》、西《にし》ドイツ、イギリス、フランスが集《あつ》まり、ドルを安《やす》くしようと協力《きょうりょく》して合意《ごうい》したのです。
これがプラザ合意《ごうい》です。
ONEDOLLAR

*プラザホテル…ニューヨークのマンハッタンにある高級《こうきゅう》ホテル。

これにより、日本《にっぽん》では円高《えんだか》が進《すす》み、不況《ふきょう》に陥《おちい》りました。
1ドル=200円
(1985年)
200.00
円高《えんだか》により国際競争力《こくさいきょうそうりょく》が弱《よわ》くなったためです。
おお、1ドル200円《えん》とは!!
そこで日本政府《にっぽんせいふ》は、*金利《きんり》を引《ひ》き下《さ》げることにします。
金利《きんり》
○×銀行
それによりお金《かね》を借《か》りやすく、返《かえ》しやすくしたのです。
ところが今度《こんど》は一気《いっき》に景気《けいき》がよくなり…
海外《かいがい》の企業《きぎょう》や土地《とち》や美術品《びじゅつひん》など、あらゆるものを買収《ばいしゅう》する企業《きぎょう》が出《で》てきたのです。
ゴッホのひまわり
58億《おく》円《えん》
ロックフェラーセンター
2,200億《おく》円《えん》
まだまだ買《か》うゾ!
F1《エフワン》チーム
買収《ばいしゅう》

＊金利《きんり》…お金《かね》のやりとりをする時《とき》にかかる利子《りし》。利息《りそく》。

婆古 不動産
国内《こくない》では株《かぶ》や土地《とち》の値段《ねだん》がどんどん上《あ》がっていき、
やがて庶民《しょみん》ではとても手《て》の届《とど》かない物件《ぶっけん》も出《で》始《はじ》めました。
何《なん》でこんなに高《たか》いんだ？オレたち結婚《けっこん》してもこんな物件《ぶっけん》手《て》が出《で》ないよ。
億《おく》ションなんてムリよね……

すると1990(平成《へいせい》2)年《ねん》3月《がつ》、*大蔵省《おおくらしょう》は土地《とち》の値段《ねだん》をおさえるために不動産融資《ふどうさんゆうし》の総量規制《そうりょうきせい》を行《おこな》います。
大蔵省
ひょっこ
つまり……

＊大蔵省《おおくらしょう》…現在《げんざい》の財務省《ざいむしょう》。

土地《とち》などの不動産《ふどうさん》を取《と》り引《ひ》きする時《とき》に銀行《ぎんこう》が貸《か》し出《だ》すお金《かね》に、制限《せいげん》を加《くわ》えたのです。
バッ
￥
売地

それからはあっという間《ま》さ……
お金《かね》が動《うご》かなくなったら土地《とち》も株《かぶ》も値段《ねだん》が急《きゅう》に下《さ》がり始《はじ》めて、
銀行《ぎんこう》も不良債権《ふりょうさいけん》を抱《かか》えて大弱《おおよわ》り…
……で、気《き》づいたら、
株券
株券
株券
バブル崩壊《ほうかい》さ。
パチン
不良債権《ふりょうさいけん》とは——
貸《か》したお金《かね》が…
※口社
▽▲銀行
¥
元本
回収不能《かいしゅうふのう》になったモノ。なぜ返《かえ》してもらえなくなったかというと……
返《かえ》してもらえない！
銀行《ぎんこう》も土地《とち》の値段《ねだん》や株価《かぶか》が上《あ》がり続《つづ》けるものと信《しん》じて、お金《かね》を貸《か》し続《つづ》けたからです。
土地
銀行
株価
カックン

バブル崩壊後《ほうかいご》は
日本《にっぽん》の各地《かくち》に、
開発途中《かいはつとちゅう》で投《な》げ出《だ》された
リゾート施設《しせつ》やホテル、
*ふるさと創生《そうせい》の名《な》の元《もと》
全国《ぜんこく》にばらまかれた
1億円《おくえん》で作《つく》られた
純金《じゅんきん》のこけしなどが
残《のこ》されました。
○×ゴルフクラブ
本日の地金価格
106539004
円
まったく……
新《あたら》しい時代《じだい》を
むかえたはずの
日本《にっぽん》は、
どうなって
しまうのかと
思《おも》っておったよ。
そう
ですね。
あの頃《ころ》は、
日本《にっぽん》も世界《せかい》も
ザワザワしてた
気《き》がするわ。
うむ。
確《たし》かに
そうじゃったかもな…

*ふるさと創生《そうせい》…竹下登内閣《たけしたのぼるないかく》が発案《はつあん》した公共事業《こうきょうじぎょう》。各市区町村《かくしくちょうそん》に1億円《おくえん》が交付《こうふ》された。

日本《にっぽん》は、
1973年《ねん》頃《ごろ》から
続《つづ》いていた
安定《あんてい》成長期《せいちょうき》が
終《お》わり、
バブルの
崩壊《ほうかい》とともに
低成長期《ていせいちょうき》に
突入《とつにゅう》していった
のです。
ミーーン
ミンミンミン
ミーーン

第《だい》二章《しょう》 変《か》わる世《せ》界《かい》情《じょう》勢《せい》

1989（平成元《へいせいがん》）年《ねん》6月《がつ》、中国《ちゅうごく》の北京《ペキン》で天安門《てんあんもん》事件《じけん》が起《お》こります。
我々《われわれ》は民主化《みんしゅか》を求《もと》める！
我々《われわれ》は…

华人民共和国万岁
世界人民大团结万
民《みん》主《しゅ》化《か》を求《もと》めた
市《し》民《みん》や学《がく》生《せい》たちの
大《だい》規《き》模《ぼ》デモを、
中《ちゅう》国《ごく》人《じん》民《みん》解《かい》放《ほう》軍《ぐん》が
鎮《ちん》圧《あつ》。
多《おお》くの死《し》者《しゃ》を
出《だ》しました。
（提供　共同通信社）

ガー

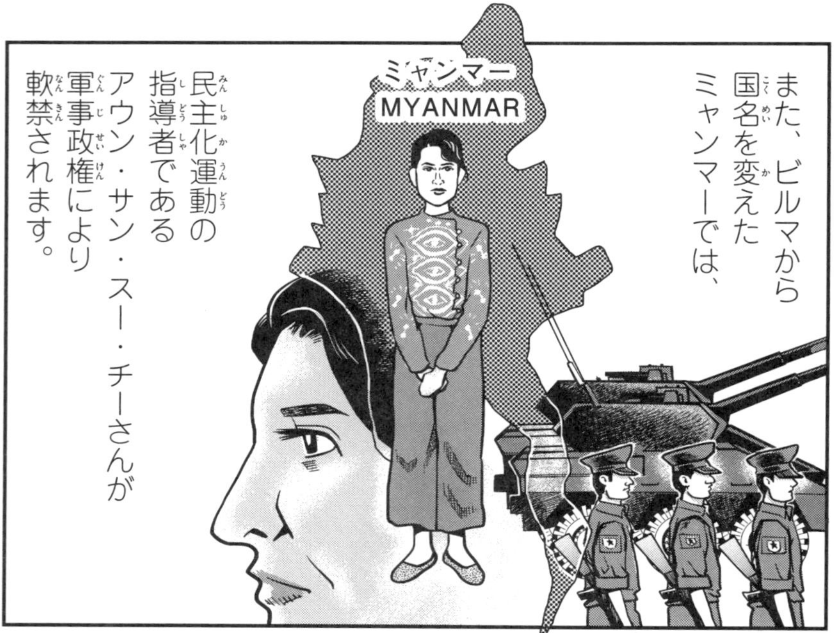
また、ビルマから国名《こくめい》を変《か》えたミャンマーでは、
ミャンマー
MYANMAR
民主化運動《みんしゅかうんどう》の指導者《しどうしゃ》であるアウン・サン・スー・チーさんが軍事政権《ぐんじせいけん》により軟禁《なんきん》されます。

11月《がつ》には*冷戦《れいせん》の象徴《しょうちょう》だった*ベルリンの壁《かべ》が破壊《はかい》され──
こんな壁《かべ》ぶち破《やぶ》れ!
ガ──ン
ガ──ン
東西《とうざい》ドイツは統一《とういつ》されるべきだ!!
翌《よく》1990年《ねん》には東西《とうざい》ドイツ統一《とういつ》。

*冷戦《れいせん》…第二次世界大戦後《だいにじせかいたいせんご》に深《ふか》まった、アメリカを中心《ちゅうしん》とする資本主義国《しほんしゅぎこく》と、ソ連《れん》を中心《ちゅうしん》とする社会主義国《しゃかいしゅぎこく》との、武力《ぶりょく》をともなわない対立《たいりつ》のこと。

*ベルリンの壁《かべ》…西《にし》ベルリンを取《と》り囲《かこ》むように建《た》てられていた壁《かべ》のこと。

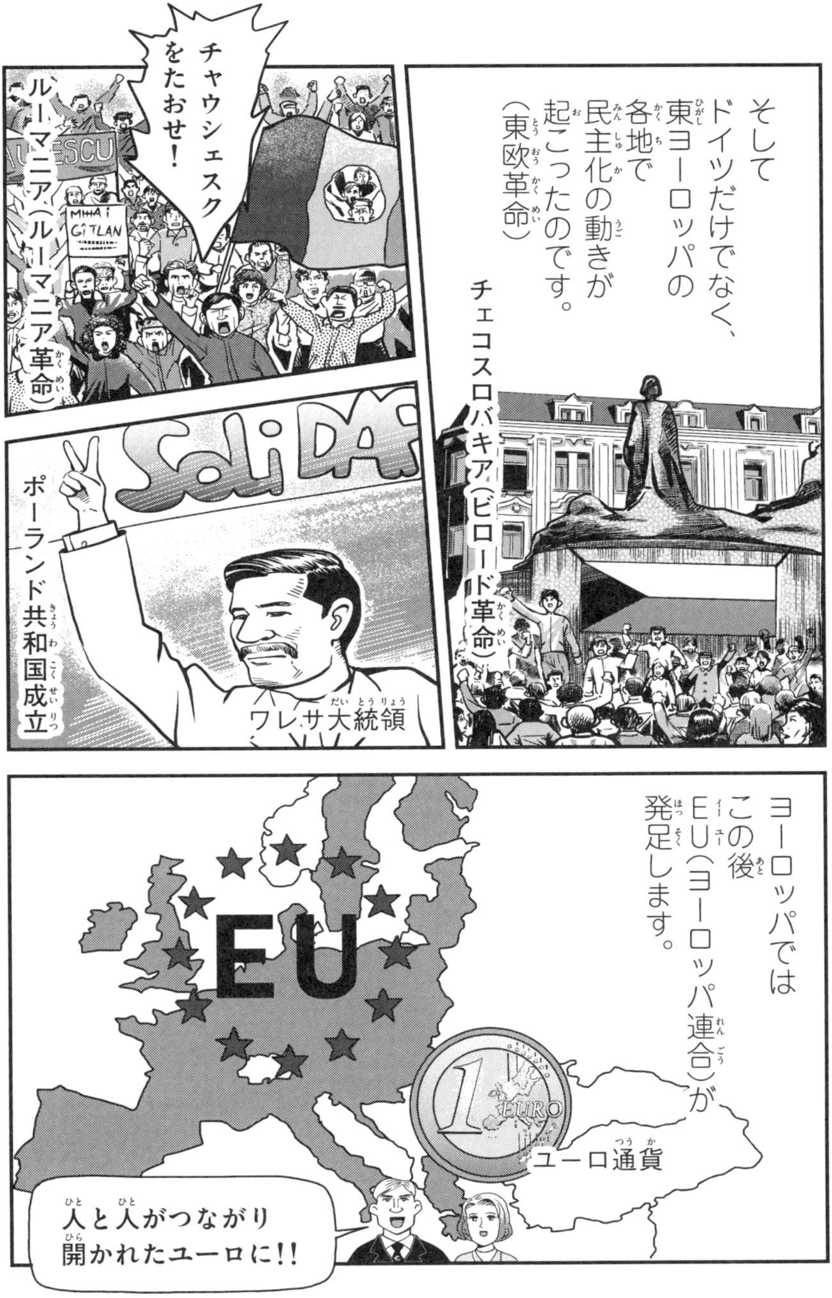

そして
ドイツだけでなく、
東《ひがし》ヨーロッパの
各地《かくち》で
民主化《みんしゅか》の動《うご》きが
起《お》こったのです。
（東欧革命《とうおうかくめい》）
チェコスロバキア（ビロード革命《かくめい》）
チャウシェスクをたおせ！
ルーマニア（ルーマニア革命《かくめい》）
ポーランド共和国成立《きょうわこくせいりつ》
ワレサ大統領《だいとうりょう》
ヨーロッパでは
この後《あと》
EU《イーユー》（ヨーロッパ連合《れんごう》）が
発足《ほっそく》します。
EU
1 EURO
ユーロ通貨《つうか》
人《ひと》と人《ひと》がつながり
開《ひら》かれたユーロに!!

まさかベルリンの壁《かべ》が崩壊《ほうかい》するとは思《おも》わなかったよ。
ほんとじゃな。世《よ》の中《なか》、何《なに》が起《お》こるかわからんな。

しかし、あの平成元年《へいせいがんねん》をしめくくったのはゴルバチョフとブッシュの握手《あくしゅ》だったな。
12月《がつ》、地中海《ちちゅうかい》のマルタ島《とう》で会談《かいだん》が行《おこな》われ、ソ連《れん》のゴルバチョフ書記長《しょきちょう》とアメリカのブッシュ大統領《だいとうりょう》の間《あいだ》で「冷戦《れいせん》」の終《お》わりが宣言《せんげん》されたのです。
冷戦《れいせん》は、
終《お》わりにしましょう。
ゴルバチョフ
マルタ会談《かいだん》
ブッシュ
MALTA
イタリア
マルタ島

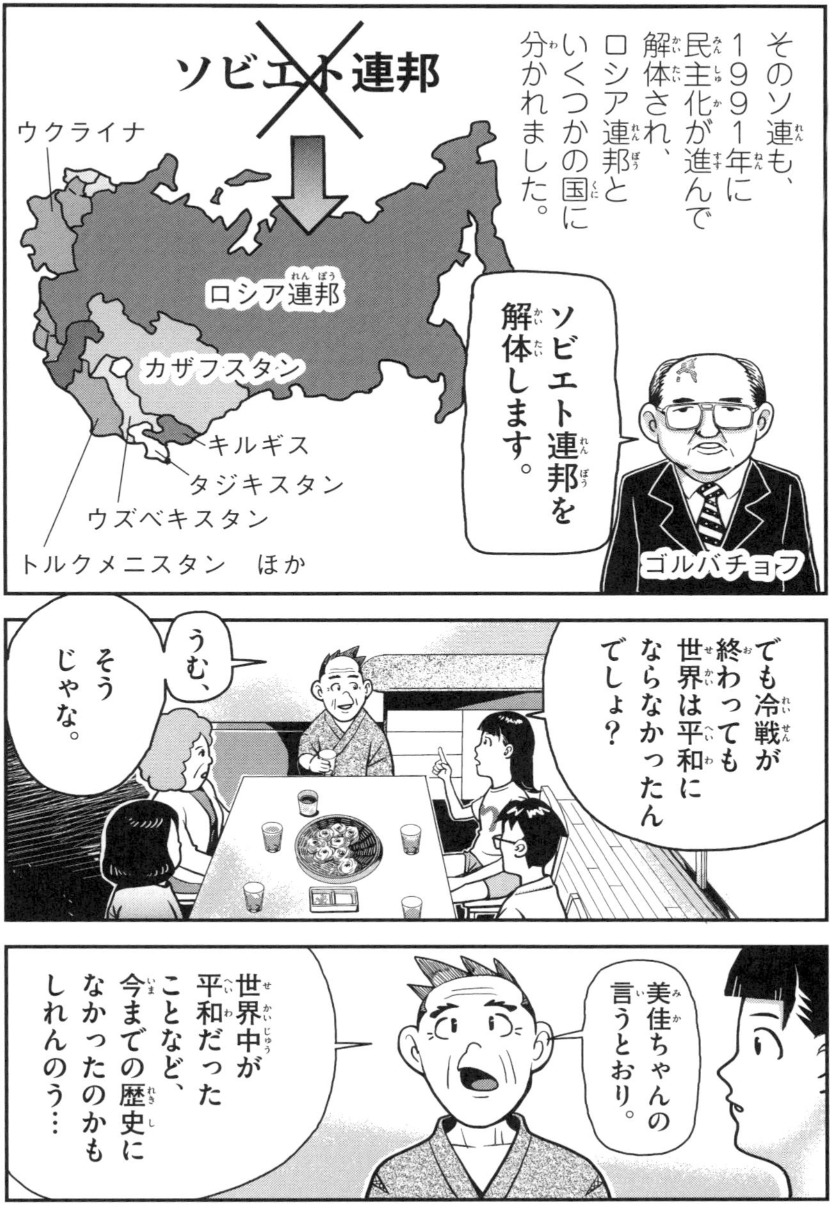
そのソ連《れん》も、1991年《ねん》に民主化《みんしゅか》が進《すす》んで解体《かいたい》され、ロシア連邦《れんぼう》といくつかの国《くに》に分《わ》かれました。
ソビエト連邦
ウクライナ
ロシア連邦《れんぼう》
カザフスタン
キルギス
タジキスタン
ウズベキスタン
トルクメニスタン　ほか
ソビエト連邦《れんぼう》を解体《かいたい》します。
ゴルバチョフ
でも冷戦《れいせん》が終《お》わっても世界《せかい》は平和《へいわ》にならなかったんでしょ？
うむ、そうじゃな。
美佳《みか》ちゃんの言《い》うとおり。
世界中《せかいじゅう》が平和《へいわ》だったことなど、今《いま》までの歴史《れきし》になかったのかもしれんのう…

1990（平成《へいせい》2）年《ねん》8月《がつ》には、イラクが国境地域《こっきょうちいき》の油田《ゆでん》をめぐりクウェートに侵攻《しんこう》します。
油田《ゆでん》をうばえ！
フセイン大統領《だいとうりょう》
翌《よく》1991（平成《へいせい》3）年《ねん》1月《がつ》、それに対《たい》して──
アメリカを中心《ちゅうしん》とする多国籍軍《たこくせきぐん》が、イラクを攻撃《こうげき》。湾岸戦争《わんがんせんそう》が始《はじ》まりました。
ピピッ…
TR
グヴーン
TAC
イラクを止《と》めろ──っ！
ブッシュ大統領《だいとうりょう》

クウェートの油田《ゆでん》に頼《たよ》っていた日本《にっぽん》は、多国籍軍《たこくせきぐん》に対《たい》して130億《おく》ドルの支援《しえん》をしました。
キィーーーン
130億ドル
海部俊樹首相《かいふとしきしゅしょう》
しかし……
何《なん》だって!?
どうした、急《きゅう》に血相《けっそう》変《か》えて?
見《み》ろよコレ!!
日本を非難
130億ドル支援も

日本《にっぽん》に非難《ひなん》の声《こえ》が上《あ》がってるって、何《なん》でだよ！
お金《かね》だけ出《だ》しても人《ひと》を出《だ》さなきゃダメってことだろうな。
日本を非難
130億ドル支援も
しかし日本《にっぽん》には軍隊《ぐんたい》がないんだからしかたないじゃないか。
世界《せかい》からは、自衛隊《じえいたい》は軍隊《ぐんたい》だって思《おも》われてるのさ。
でも自衛隊《じえいたい》の海外派遣《かいがいはけん》は、憲法違反《けんぽういはん》のはずだろ？
日本国《にほんこく》憲法《けんぽう》
海外派兵《かいがいはへい》は違憲《いけん》さ。
そうだな。

*PKO協力法…国際連合平和維持活動等に対する協力に関する法律。

ガー
1993(平成《へいせい》5)年《ねん》
和夫《かずお》先輩《せんぱい》、昨日《きのう》の選挙《せんきょ》行《い》きました?
ああもちろん。
そうですよね、たかが1票《ぴょう》じゃ世《よ》の中《なか》は変《か》わらないかもしれないけど、
うん!
その1票《ぴょう》で何《なに》かが変《か》わるかもしれないですもんね。
この年《とし》の7月《がつ》に行《おこな》われた衆《しゅう》議《ぎ》院《いん》選《せん》挙《きょ》で、日《にっ》本《ぽん》の政《せい》治《じ》は大《おお》きな転《てん》換《かん》点《てん》を迎《むか》えます。
負《ま》けた…
衆
自由民主党《じゆうみんしゅとう》 223
日本社会党《にほんしゃかいとう》 70
新生党《しんせいとう》 55
公明党《こうめいとう》 51
日本新党《にほんしんとう》 35
その他《た》 47
無所属《むしょぞく》 30
＊定数《ていすう》511人《にん》
自《じ》由《ゆう》民《みん》主《しゅ》党《とう》の議《ぎ》席《せき》数《すう》が過《か》半《はん》数《すう》を下《した》回《まわ》りました。

＊衆議院議員《しゅうぎいんぎいん》の定数《ていすう》…2019(平成《へいせい》31)年《ねん》3月《がつ》現在《げんざい》は465人《にん》。

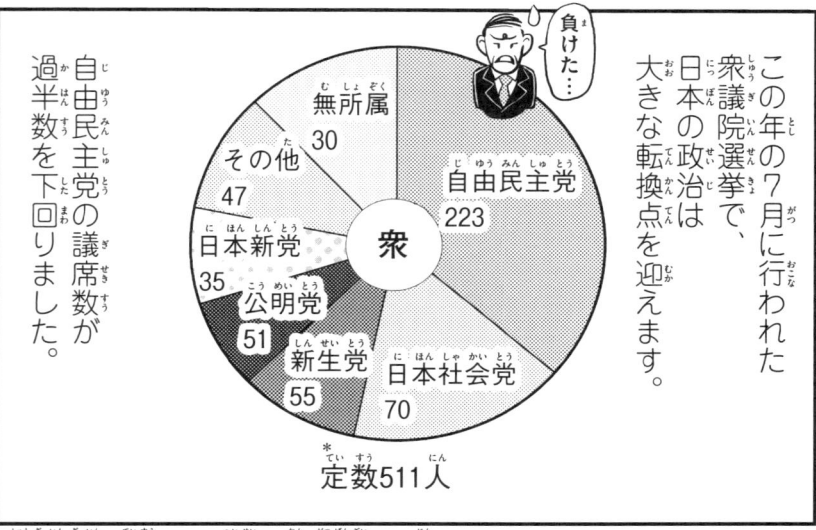

38年間《ねんかん》にわたって自民党《じみんとう》と社会党《しゃかいとう》で続《つづ》けられた55＊年体制《ねんたいせい》が、崩壊《ほうかい》したのです。
社
自
ガラガラ～
55
年
体制
新《あら》たに誕生《たんじょう》した連立政権《れんりつせいけん》では、日本新党《にほんしんとう》の細川護熙《ほそかわもりひろ》が首相《しゅしょう》となりました。
新《あたら》しい時代《じだい》の変革《へんかく》を!!
第《だい》79代《だい》首相《しゅしょう》
細川護熙《ほそかわもりひろ》
細川《ほそかわ》さんはどこのお殿様《とのさま》＊でしたっけ？
熊本《くまもと》だよ。
くまもと城

＊55年体制《ねんたいせい》…1955（昭和《しょうわ》30）年《ねん》に、社会党《しゃかいとう》が統一《とういつ》され、また自由民主党《じゆうみんしゅとう》が成立《せいりつ》したことでできた、自民党《じみんとう》を与党《よとう》、社会党《しゃかいとう》を第一野党《だいいちやとう》とする体制《たいせい》。

＊殿様《とのさま》…細川護熙《ほそかわもりひろ》は戦国大名《せんごくだいみょう》・細川忠興《ほそかわただおき》の子孫《しそん》で、旧熊本藩主細川家《きゅうくまもとはんしゅほそかわけ》第18代《だい》当主《とうしゅ》。

アメリカと安全保障条約《あんぜんほしょうじょうやく》を結《むす》んでいる日本《にっぽん》にも、冷戦《れいせん》が終《お》わった影響《えいきょう》があったということじゃな。
日本《にっぽん》
・・・
アメリカ
ロシア
冷戦《れいせん》が終《お》わり、保守《ほしゅ》と革新《かくしん》が対立《たいりつ》する時代《じだい》も終《お》わったんじゃや。

あの神戸《こうべ》の地震《じしん》はその頃《ころ》だったかしら?
1995.1.17
1995年《ねん》だね。阪神《はんしん》・淡路大震災《あわじだいしんさい》。

その2か月後《げつご》には地下鉄《ちかてつ》サリン事件《じけん》じゃろ。
1995.3.20
地下鉄
SUBWAY
霞ヶ関駅
Kasumigaseki Sta
何《なに》が起《お》きてもおかしくない時代《じだい》になった気《き》がしたわ。
私《わたし》の生《う》まれる前《まえ》の出来事《できごと》だけど、よく聞《き》くわ。
同《おな》じ年《とし》の出来事《できごと》なのね。
うむ。
プルプルプルプルプルプル
プルプルプルプルプルプル
あら、誰《だれ》かしら。
ハイハイ、今出《いまで》ますよ。

もしもし…
カキーン
打《う》ったぁ!!
気象庁　高温注意情報発表
高温注意情報
高温注意情報
最高気温　（～午後1時半）　新潟33.6度
なんだか暑《あつ》いわ！こっちも東京《とうきょう》とあまり変《か》わらないね。
ひらひら
おじいちゃん、クーラーつけちゃだめ？

そうだな……さすがにこれだけ暑《あつ》いとかなわん。
腹《はら》が冷《ひ》えすぎないように腹《はら》巻《ま》き巻いて…と
ピッ
パン
電話《でんわ》、合宿中《がっしゅくちゅう》の健人君《けんとくん》からよ。おじいちゃんかわります?
おう、どれどれ。
あら、クーラー入《い》れたのね。
山中湖《やまなかこ》は涼《すず》しいって言《い》ってたわよ、
未来《みらい》の藤井《ふじい》7段《だん》。
ゴーッ
はは、それはうらやましい。
パタパタ

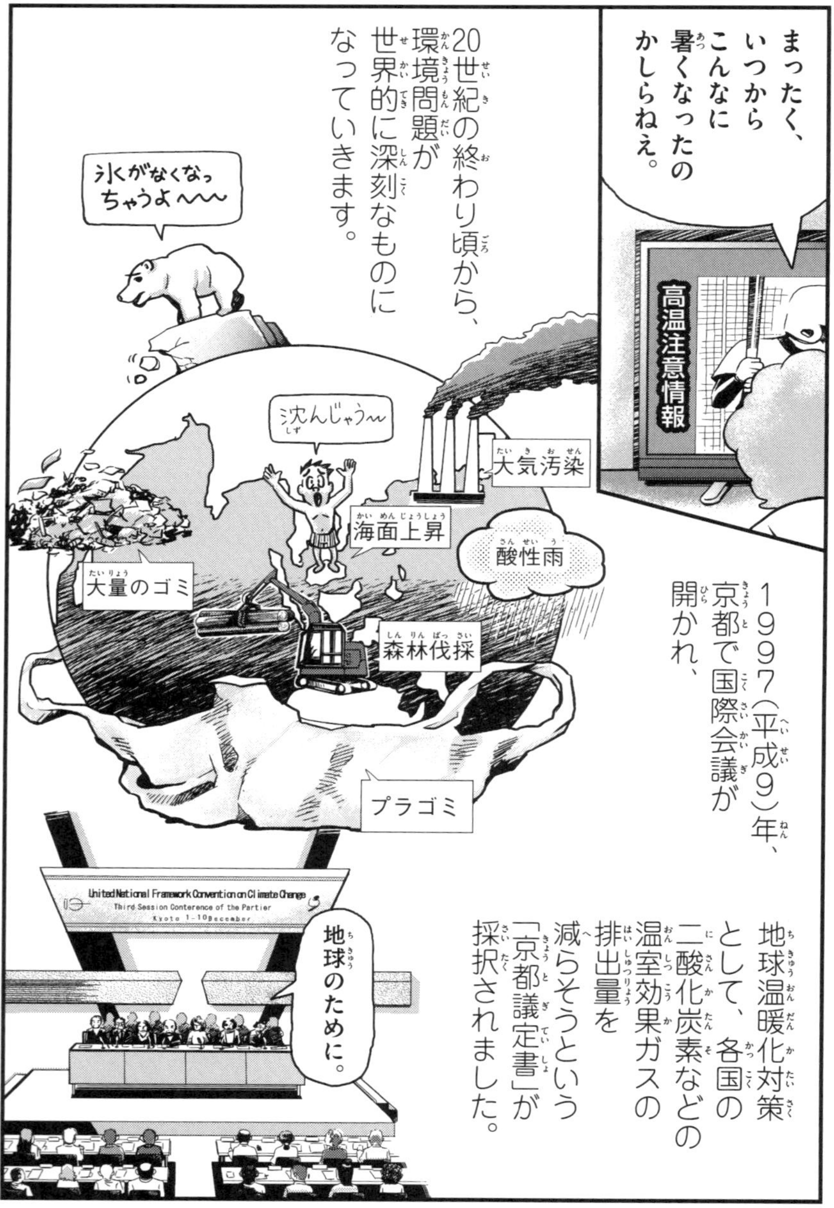
まったく、いつからこんなに暑《あつ》くなったのかしらねえ。
高温注意情報
20世紀《せいき》の終《お》わり頃《ごろ》から、環境問題《かんきょうもんだい》が世界的《せかいてき》に深刻《しんこく》なものになっていきます。
氷がなくなっちゃうよ〜〜〜
大気汚染《たいきおせん》
沈《しず》んじゃう〜
海面上昇《かいめんじょうしょう》
酸性雨《さんせいう》
大量《たいりょう》のゴミ
森林伐採《しんりんばっさい》
プラゴミ
1997(平成《へいせい》9)年《ねん》、京都《きょうと》で国際会議《こくさいかいぎ》が開《ひら》かれ、
地球温暖化対策《ちきゅうおんだんかたいさく》として、各国《かっこく》の二酸化炭素《にさんかたんそ》などの温室効果《おんしつこうか》ガスの排出量《はいしゅつりょう》を減《へ》らそうという「京都議定書《きょうとぎていしょ》」が採択《さいたく》されました。
United National Framework Convention on Climate Change
Third Session Conterence of the Partier
Kyoto 1-10 December
地球《ちきゅう》のために。

あの頃《ころ》は暗《くら》いニュースが多《おお》かった気《き》がするな。
ああ、銀行《ぎんこう》や大企業《だいきぎょう》が次々《つぎつぎ》つぶれていたなあ。山一《やまいち》や拓銀《たくぎん》まで……
社員《しゃいん》はありませんから悪《わる》く!
山一證券《やまいちしょうけん》社長《しゃちょう》の会見《かいけん》
悪《わる》いのは私《わたし》たち経営陣《けいえいじん》ですから!!
山一證券《やまいちしょうけん》の破綻《はたん》
株式《かぶしき》などの売買《ばいばい》を仲介《ちゅうかい》する証券会社《しょうけんがいしゃ》の中《なか》でも最大手《さいおおて》の一社《いっしゃ》だった。売《う》り上《あ》げを伸《の》ばすためにお客《きゃく》さんから無理《むり》にお金《かね》を集《あつ》めたが、バブルの崩壊《ほうかい》による株価下落《かぶかげらく》で損失《そんしつ》が増加《ぞうか》、損失補填《そんしつほてん》や損失《そんしつ》かくし、粉飾決算《ふんしょくけっさん》などを経《へ》て、自主廃業《じしゅはいぎょう》した。
バブル崩壊《ほうかい》
株価《かぶか》下落《げらく》
粉飾決算《ふんしょくけっさん》
損失《そんしつ》補填《ほてん》
山一證券《やまいちしょうけん》
ドスドスドスドスドスッ

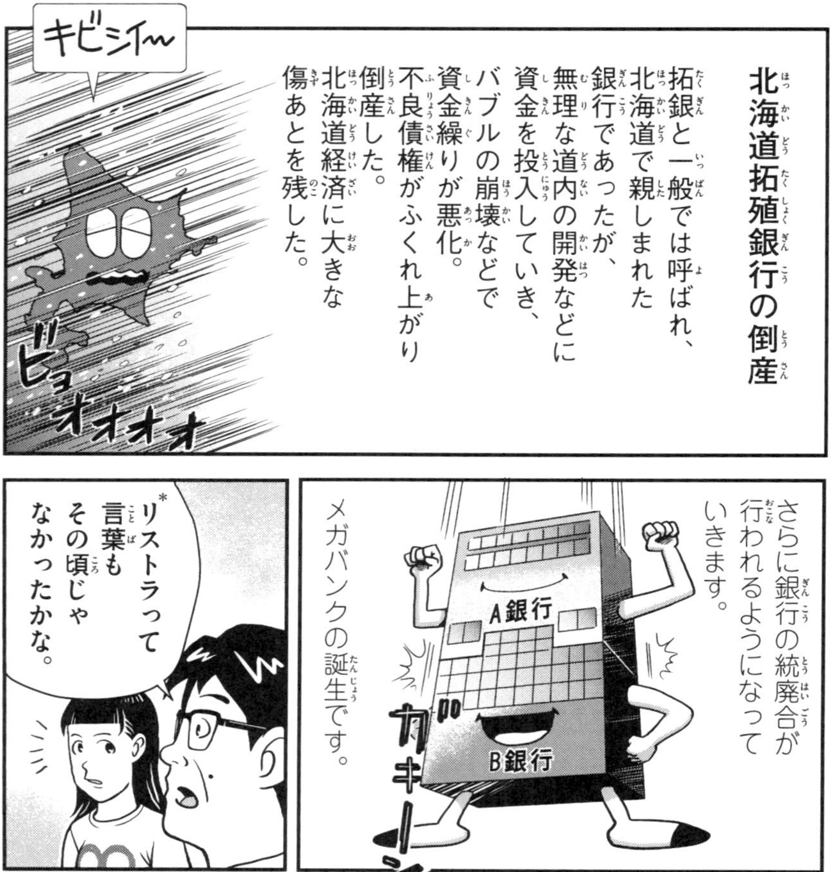
北海道《ほっかいどう》拓殖《たくしょく》銀行《ぎんこう》の倒産《とうさん》
拓銀《たくぎん》と一般《いっぱん》では呼《よ》ばれ、北海道《ほっかいどう》で親《した》しまれた銀行《ぎんこう》であったが、無理《むり》な道内《どうない》の開発《かいはつ》などに資金《しきん》を投入《とうにゅう》していき、バブルの崩壊《ほうかい》などで資金繰《しきんぐ》りが悪化《あっか》。不良債権《ふりょうさいけん》がふくれ上《あ》がり倒産《とうさん》した。北海道経済《ほっかいどうけいざい》に大《おお》きな傷《きず》あとを残《のこ》した。
キビシイ〜
ビュオオオオ
さらに銀行《ぎんこう》の統廃合《とうはいごう》が行《おこな》われるようになっていきます。
メガバンクの誕生《たんじょう》です。
A銀行
B銀行
ガキーーン
＊リストラって言葉《ことば》もその頃《ころ》じゃなかったかな。

クビ
ヒエッ
リストラってクビのことだよね。
父《とう》さんの友達《ともだち》で社内結婚《しゃないけっこん》したのにそろってリストラ…なんて人《ひと》もいたよ。
ウソ!!
○×社
トボトボ…

＊リストラ…もともとはリストラクチュアリングのことで、事業《じぎょう》の「再構築《さいこうちく》」という意味《いみ》。

リクルートスーツの学生《がくせい》を見《み》てさ…
おまえ内定《ないてい》いくつもらった?
まだゼロだよ…
ガタン ガタン
こんなに暑《あつ》くても「就職氷河期《しゅうしょくひょうがき》」かなんて思《おも》ったよ。
就職活動《しゅうしょくかつどう》は夏《なつ》が追《お》い込《こ》みだったからね。
私《わたし》の時《とき》の就活《しゅうかつ》はどうかな……
不況《ふきょう》はどんどん深刻《しんこく》になり、雇用《こよう》が減少《げんしょう》。賃金《ちんぎん》もおさえられるようになりました。
100円SHOP ショップ
百均《ひゃっきん》ダイスキ☆
100円
その結果《けっか》、安《やす》い商品《しょうひん》ばかり売《う》れるようになります。

*リクルートスーツ…就職活動中《しゅうしょくかつどうちゅう》の学生《がくせい》が、会社訪問《かいしゃほうもん》や就職試験《しゅうしょくしけん》のために着《き》る、地味《じみ》でおとなしいスーツのこと。

しかしこれは
デフレの始《はじ》まり
でした——

デフレとは、
モノの値段《ねだん》が
下《さ》がって
お金《かね》の価値《かち》が
上《あ》がることです。

これによって
給料《きゅうりょう》が下《さ》がり、
さらにモノが
売《う》れなくなって
いくことを、
デフレスパイラル
といいます。
（67ページ参照《さんしょう》）

そんな中《なか》、1998（平成《へいせい》10）年《ねん》に行《おこな》われた長野《ながの》冬季《とうき》オリンピック・パラリンピックでの日本《にっぽん》の活躍《かつやく》は、明《あか》るい希望《きぼう》を感《かん》じさせるできごとでした。
フナキ〜〜〜
シミズ〜
オギワラ〜
THE XVIII OLYMPIC WINTER GAMES
NAGANO 1998
冬季五輪《とうきごりん》は日本《にっぽん》では2回目《かいめ》ね。

＊日本《にほん》のメダル獲得数《かくとくすう》…オリンピック＝金《きん》5、銀《ぎん》1、銅《どう》4　パラリンピック＝金《きん》12、銀《ぎん》16、銅《どう》13

この年《とし》、サッカー日本代表《にっぽんだいひょう》はフランスワールドカップアジア最終予選《さいしゅうよせん》を突破《とっぱ》し、ワールドカップに初出場《はつしゅつじょう》します。
ワールドカップで日本《にっぽん》の初得点《はつとくてん》を記録《きろく》した中山選手《なかやませんしゅ》。
20
9
8
18
この時《とき》から、日本代表《にっぽんだいひょう》は6大会連続《たいかいれんぞく》でワールドカップに出場《しゅつじょう》しています。
初《はじ》めて見《み》るワールドカップは興奮《こうふん》したなあ。
え!? お父《とう》さんフランスまで見《み》に行《い》ったの?
はは、そうじゃないよ。
昔《むかし》は日本《にっぽん》がワールドカップに出《で》るなんて、想像《そうぞう》もつかなかったからな。テレビで見《み》るだけでもワクワクしたもんさ。

最近《さいきん》は世界《せかい》で活躍《かつやく》するスポーツ選手《せんしゅ》も増《ふ》えてきたわね。
テニス、ゴルフ、野球《やきゅう》に卓球《たっきゅう》……すごいよね。
それに、今年《ことし》のピョンチャン五輪《ごりん》も盛《も》り上《あ》がったわよね。
そだねー。
そだねー。
？
ほら美佳《みか》、もぐもぐタイムはおしまいだ。
ウー
はーい、ごちそうさまでした。

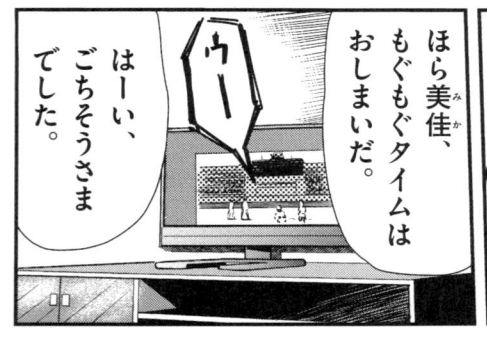

おばあちゃん、かたづけ手伝《てつだ》うね。
あら、ありがとう。
ジャ

バブル崩壊《ほうかい》以降《いこう》、
元気《げんき》を失《うしな》ってしまった日本《にっぽん》。
明《あか》るいニュースが世《よ》の中《なか》を
飛《と》び交《か》うことはあまりなく、
世紀末的《せいきまつてき》な不安《ふあん》が日本全体《にっぽんぜんたい》を
おおっていました。
しかし、スポーツ界《かい》では
長野五輪《ながのごりん》・パラ五輪《ごりん》での健闘《けんとう》をはじめ、
サッカーワールドカップ、
メジャーリーグなど、
国際舞台《こくさいぶたい》で活躍《かつやく》する
日本人《にっぽんじん》アスリートが続出《ぞくしゅつ》します。
それは現在《げんざい》でも続《つづ》いており、
野球《やきゅう》、テニス、卓球《たっきゅう》、サッカーなど、
各種《かくしゅ》スポーツで世界《せかい》の第一線《だいいっせん》で戦《たたか》う
アスリートが続々《ぞくぞく》と出《で》てきています。
ANGELS
17
41

第《だい》三章《しょう》 新《しん》世《せい》紀《き》の諸《しょ》問《もん》題《だい》

あけましておめでとう!!
HAPPY NEW YEAR
2000
GINZA
ハッピーニューイヤー!!
▲東京《とうきょう》・銀座《ぎんざ》で2000年《ねん》の到来《とうらい》を祝《いわ》う人《ひと》たち
私《わたし》の生《う》まれた2000年《ねん》って、どんな年《とし》だった?
2000年《ねん》かぁ……すぐに思《おも》い出《だ》すのは2000年《ねん》問《もん》題《だい》だけど……

（提供　共同通信社）

2000年問題《ねんもんだい》とは、1999年《ねん》から2000年《ねん》になる瞬間《しゅんかん》にコンピュータの誤作動《ごさどう》による混乱《こんらん》が予想《よそう》された問題《もんだい》です。コンピュータが西暦《せいれき》を下《しも》2桁《けた》で処理《しょり》していたため、2000年《ねん》を1900年《ねん》と勘違《かんちが》いして、さまざまな誤作動《ごさどう》を起《お》こすのではないかと思《おも》われたのです。

みなさん、あけましておめでとうございます。
小渕首相《おぶちしゅしょう》
東京都災害対策本部《とうきょうとさいがいたいさくほんぶ》
2000年問題《ねんもんだい》の現状説明《げんじょうせつめい》
念《ねん》のため0時《じ》に電車《でんしゃ》を停《と》めた
1999
2000

23:55
カタカタカタカタカタ…

各企業《かくきぎょう》のプログラマーやシステムエンジニアが、事故《じこ》に備《そな》えて動員《どういん》されましたが、実際《じっさい》は大《おお》きな問題《もんだい》は起《お》きませんでした。

確《たし》か記《き》念《ねん》紙《し》幣《へい》が作《つく》られたよな。
2000
日本銀行券
弐千円
2000年《ねん》という*ミレニアムと、沖《おき》縄《なわ》で開《かい》催《さい》される*サミットを記《き》念《ねん》して、首《しゅ》里《り》城《じょう》の守《しゅ》礼《れい》門《もん》や紫《むらさき》式《しき》部《ぶ》がデザインされた2千《せん》円《えん》紙《し》幣《へい》が発《はっ》行《こう》されました。
2千《せん》円《えん》札《さつ》って最《さい》近《きん》見《み》かけないわね？
沖《おき》縄《なわ》に行《い》けば見《み》られるみたいだよ。
沖《おき》縄《なわ》か…
行《い》きたいけど、そんなお金《かね》ないわ……
ミレニアムは話《わ》題《だい》になりましたが世《よ》の中《なか》は相《あい》変《か》わらず不《ふ》景《けい》気《き》が続《つづ》き、デフレに陥《おち》っていきます。

＊ミレニアム…千《せん》年《ねん》紀《き》。西《せい》暦《れき》を1000年《ねん》単《たん》位《い》で区《く》切《ぎ》ったもの。

＊サミット…主《しゅ》要《よう》国《こく》首《しゅ》脳《のう》会《かい》議《ぎ》のこと。

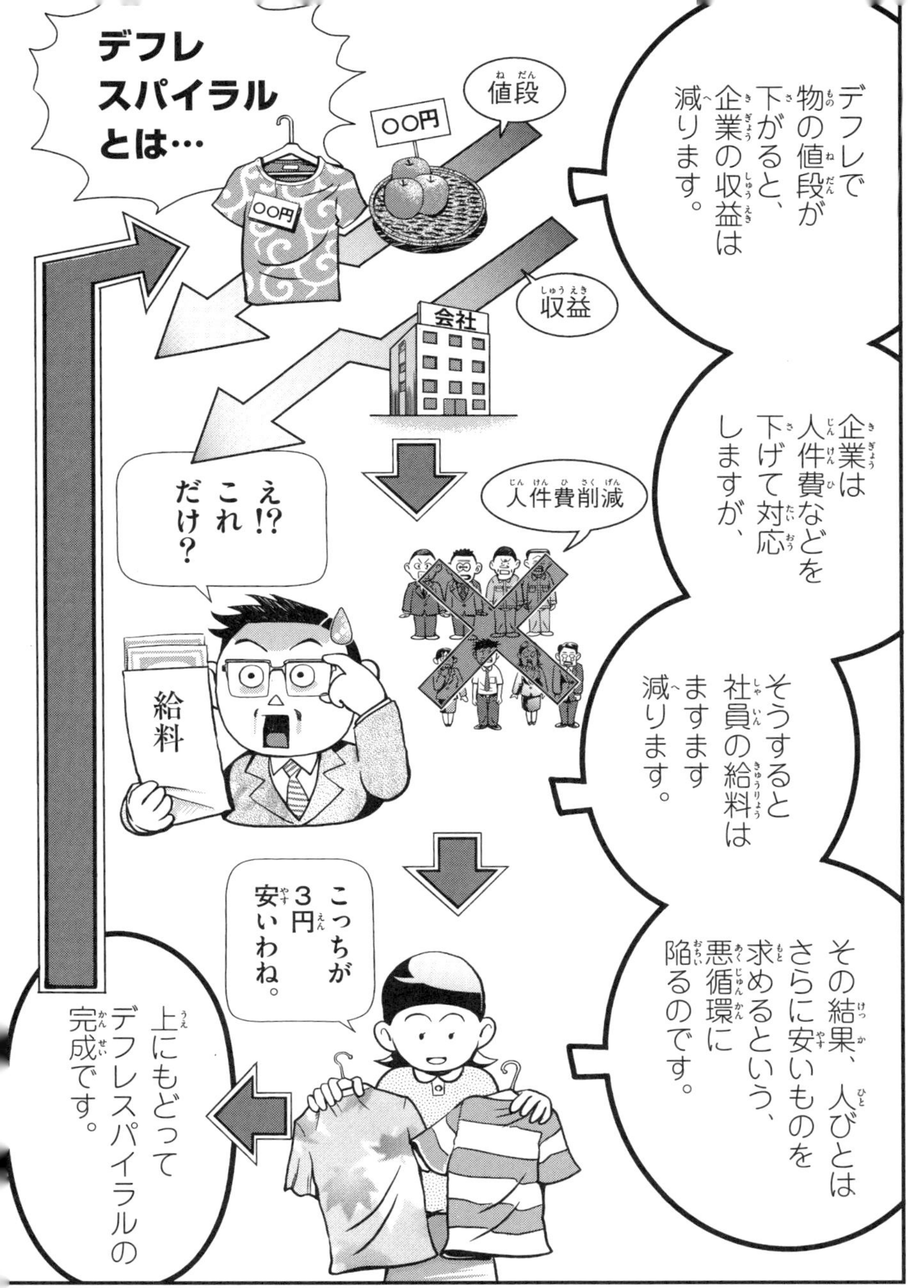
デフレスパイラルとは…
デフレで物《もの》の値段《ねだん》が下《さ》がると、企業《きぎょう》の収益《しゅうえき》は減《へ》ります。
値段《ねだん》
○○円
○○円
収益《しゅうえき》
会社
企業《きぎょう》は人件費《じんけんひ》などを下《さ》げて対応《たいおう》しますが、
人件費削減《じんけんひさくげん》
え!?これだけ?
給料
そうすると社員《しゃいん》の給料《きゅうりょう》はますます減《へ》ります。
こっちが3円《えん》安《やす》いわね。
その結果《けっか》、人《ひと》びとはさらに安《やす》いものを求《もと》めるという、悪循環《あくじゅんかん》に陥《おちい》るのです。
上《うえ》にもどってデフレスパイラルの完成《かんせい》です。

デフレから抜《ぬ》け出《だ》そうとして、いろいろな企業《きぎょう》が賃金《ちんぎん》の安《やす》い外国《がいこく》へ工場《こうじょう》をうつすようになります。
うーん……オレのこのシャツ安《やす》いと思《おも》ったらやっぱり日本製《にっぽんせい》じゃなかったか。
和夫《かずお》・34歳《さい》

最近《さいきん》は何《なん》でもそうよ。この洗濯機《せんたくき》もそう。安《やす》いから仕方《しかた》ないけどね。
そうなんだ。

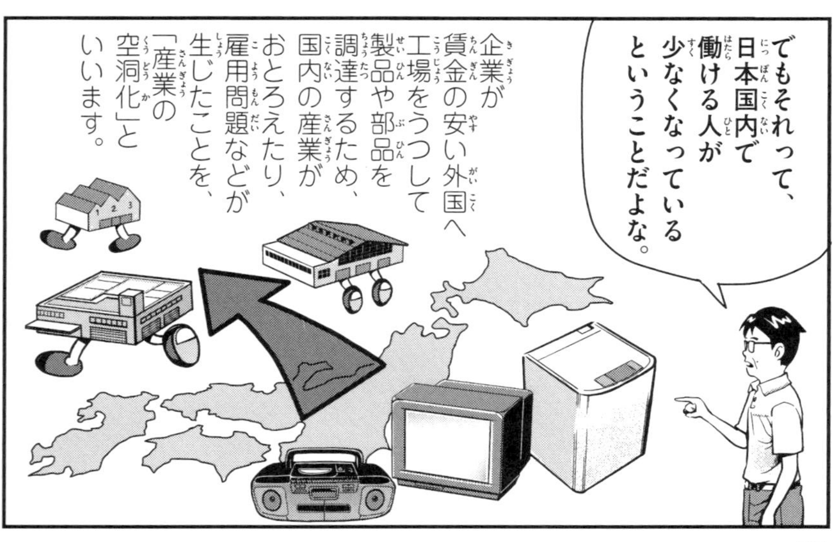
でもそれって、日本国内《にっぽんこくない》で働《はたら》ける人《ひと》が少《すく》なくなっているということだよな。
企業《きぎょう》が賃金《ちんぎん》の安《やす》い外国《がいこく》へ工場《こうじょう》をうつして製品《せいひん》や部品《ぶひん》を調達《ちょうたつ》するため、国内《こくない》の産業《さんぎょう》がおとろえたり、雇用問題《こようもんだい》などが生《しょう》じたことを、「産業《さんぎょう》の空洞化《くうどうか》」といいます。

商店街《しょうてんがい》にもデフレの波《なみ》は押《お》し寄《よ》せ……
○×商店街
あ!
中華そば
餃子
閉店のお知らせ
ここのラーメンおいしかったのに、つぶれちゃったんだ……残念《ざんねん》。
え?
△▽文具
ここもだ……
うそ、ここも!?
○×商店街
まさに……
シャッターストリートだな……
ガラ〜ン

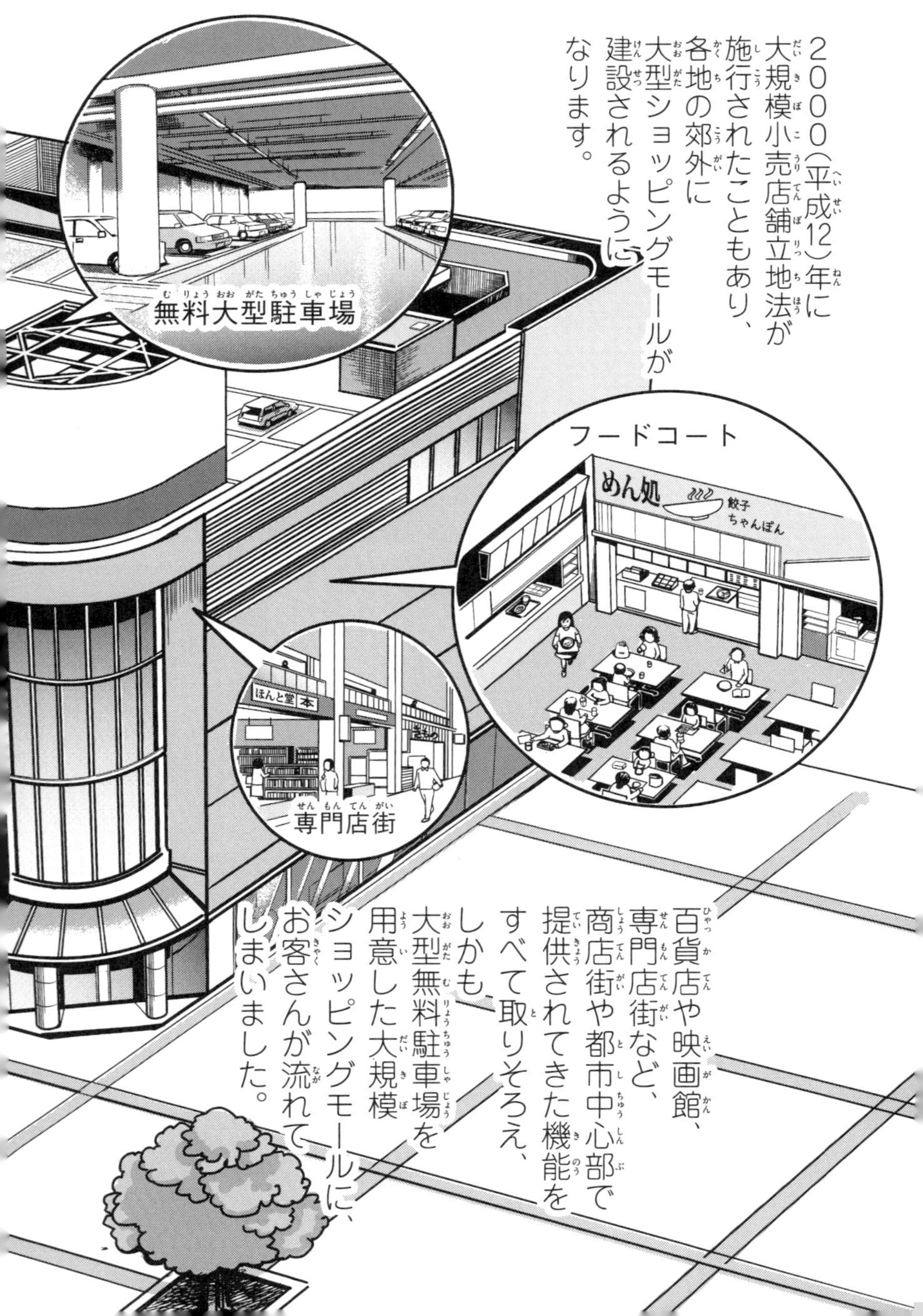
無料大型駐車場《むりょうおおがたちゅうしゃじょう》
フードコート
めん処
餃子
ちゃんぽん
ほんと堂
本
専門店街《せんもんてんがい》

2000(平成《へいせい》12)年《ねん》に大規模小売店舗立地法《だいきぼこうりてんぽりっちほう》が施行《しこう》されたこともあり、各地《かくち》の郊外《こうがい》に大型《おおがた》ショッピングモールが建設《けんせつ》されるようになります。

百貨店《ひゃっかてん》や映画館《えいがかん》、専門店街《せんもんてんがい》など、商店街《しょうてんがい》や都市中心部《としちゅうしんぶ》で提供《ていきょう》されてきた機能《きのう》をすべて取《と》りそろえ、しかも、大型無料駐車場《おおがたむりょうちゅうしゃじょう》を用意《ようい》した大規模《だいきぼ》ショッピングモールに、お客《きゃく》さんが流《なが》れてしまいました。

イベント
映《えい》画《が》館《かん》
大型《おおがた》スーパー
大型《おおがた》スーパーは郊《こう》外《がい》や幹《かん》線《せん》道《どう》路《ろ》沿《ぞ》いにも、多《た》数《すう》出《しゅっ》店《てん》されました。
その結《けっ》果《か》、商《しょう》店《てん》街《がい》は衰《すい》退《たい》するようになったのです。
ガラ〜〜ン

2001年《ねん》、世界《せかい》は21世紀《せいき》を迎《むか》えました。
歓迎《かんげい》！21世紀《せいき》☆
2001
え!? 21世紀《せいき》って2000年《ねん》からじゃないの？
西暦《せいれき》1年《ねん》から100年《ねん》が1世紀《せいき》だろ。101年《ねん》から200年《ねん》が2世紀《せいき》！
1世紀《せいき》…1年《ねん》〜100年《ねん》
2世紀《せいき》…101年《ねん》〜200年《ねん》
21世紀《せいき》…2001年《ねん》〜2100年《ねん》
あ、そっか。
西暦《せいれき》0年《ねん》ってのはないんだもんね。
4月《がつ》、首相《しゅしょう》に任命《にんめい》された小泉純一郎《こいずみじゅんいちろう》は、さまざまな改革《かいかく》を進《すす》めました。
構造改革《こうぞうかいかく》なくして日本《にっぽん》の再生《さいせい》と発展《はってん》はない！
第《だい》87代《だい》首相《しゅしょう》
小泉純一郎《こいずみじゅんいちろう》

私《わたし》はそういった信念《しんねん》の元《もと》……
聖域《せいいき》なき構造改革《こうぞうかいかく》
経済《けいざい》、財政《ざいせい》、社会《しゃかい》、政治《せいじ》の分野《ぶんや》における構造《こうぞう》改革《かいかく》を進《すす》めたいと思《おも》います！

彼《かれ》の言《い》う構造《こうぞう》改革《かいかく》は「地方《ちほう》にできることは地方《ちほう》に、民間《みんかん》にできることは民間《みんかん》に」という方針《ほうしん》で行《おこな》われました。

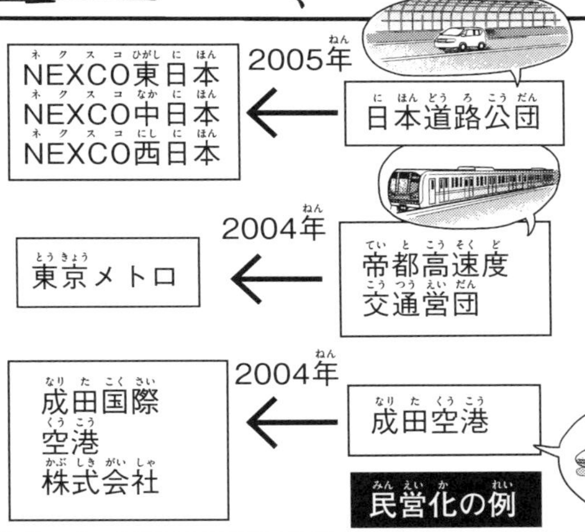
日本道路公団《にほんどうろこうだん》
2005年《ねん》
NEXCO東日本《ネクスコひがしにほん》
NEXCO中日本《ネクスコなかにほん》
NEXCO西日本《ネクスコにしにほん》
帝都高速度《ていとこうそくど》交通営団《こうつうえいだん》
2004年《ねん》
東京《とうきょう》メトロ
成田空港《なりたくうこう》
2004年《ねん》
成田国際《なりたこくさい》空港《くうこう》株式会社《かぶしきがいしゃ》
民営化《みんえいか》の例《れい》

「*民営化《みんえいか》」と「*規制緩和《きせいかんわ》」により、日本経済《にっぽんけいざい》に外国《がいこく》に負《ま》けない競争力《きょうそうりょく》をつけさせようとしたのです。

規制緩和《きせいかんわ》の例《れい》
株式会社《かぶしきがいしゃ》を*1円《えん》で作《つく》れる
株式会社
胃腸薬《いちょうやく》
整腸剤《せいちょうざい》やビタミン剤《ざい》を薬局《やっきょく》以外《いがい》でも売《う》れる
民間人《みんかんじん》による駐車監視員制度《ちゅうしゃかんしいんせいど》の導入《どうにゅう》

＊民営化《みんえいか》…国《くに》および公企業《こうきぎょう》の事業《じぎょう》を、民間経営《みんかんけいえい》にうつすこと。

＊規制緩和《きせいかんわ》…政府《せいふ》や自治体《じちたい》が、認可《にんか》や届《とど》け出《で》などの規制《きせい》をゆるめること。

＊1円《えん》…それまでは1,000万円《まんえん》が必要《ひつよう》だった。

＊日本人拉致《にほんじんらち》…１９７０年代《ねんだい》から１９８０年代《ねんだい》にかけて、北朝鮮《きたちょうせん》（朝鮮民主主義人民共和国《ちょうせんみんしゅしゅぎじんみんきょうわこく》）の工作員《こうさくいん》が日本人《にほんじん》を連《つ》れ去《さ》った問題《もんだい》。計《けい》17人中《にんちゅう》５人《にん》が帰国《きこく》。

日韓《にっかん》ワールドカップ2002が開《ひら》かれました。
出場《しゅつじょう》するだけでも大変《たいへん》だったワールドカップが、日本《にっぽん》でも開催《かいさい》されたのです。
ワーワーワーワー
日本《にっぽん》と韓国《かんこく》の共催《きょうさい》でした。
日本代表《にっぽんだいひょう》は、ロシア戦《せん》でワールドカップ初勝利《はつしょうり》をあげ、決勝《けっしょう》トーナメントにも進《すす》みました。
ベッカムヘアっていって、みんなマネしてたんだよ。
お父《とう》さんもマネした？
イングランド代表ベッカム
ははっまさか！
韓流《ハンりゅう》ブームもやってきました。
アナタがスキダカラ

韓国発《かんこくはつ》のドラマや音楽《おんがく》が、日本《にっぽん》でも大《だい》ヒット。
カムサハムニダ
韓国語
アンニョハセヨ！
韓国語《かんこくご》を習《なら》ったり、人気《にんき》ドラマのロケ地《ち》めぐりをする人《ひと》もたくさんいたのです。
同《おな》じ頃《ころ》、日本《にっぽん》でも大活躍《だいかつやく》したイチロー選手《せんしゅ》が、初《はつ》の日本人《にほんじん》野手《やしゅ》大《だい》リーガーとしてアメリカで記録《きろく》を残《のこ》しました。
ICHIRO
51
#51 ICHI-METER
262
51
84年間《ねんかん》破《やぶ》られることのなかったシーズン最多安打記録《さいたあんだきろく》を更新《こうしん》して、262本《ほん》としたのです。2004年《ねん》のことでした。
再《ふた》び2001(平成《へいせい》13)年《ねん》9月《がつ》――
おい…ちょっと、これ……
え、なぁに？
……

信《しん》じられない映像《えいぞう》が、アメリカから飛《と》びこんできました。
ドン
何《なん》だこれ……これは本物《ほんもの》の映像《えいぞう》なのか？
アメリカで……
アメリカ同時多発《どうじたはつ》テロが起《お》こったのです。世界貿易《せかいぼうえき》センタービルなどに旅客機《りょかくき》を激突《げきとつ》させるという、史上最大《しじょうさいだい》とも言《い》われるテロでした。
うん
何《なに》が起《お》こってるのかしら…怖《こわ》いわ…
美佳《みか》生後《せいご》11か月《げつ》

この仕返《しかえ》しとして、10月《がつ》、アメリカはアフガニスタンを攻撃《こうげき》します。テロとの戦《たたか》いが始《はじ》まりました。
ビンラディン
ブッシュ
草《くさ》の根《ね》分《わ》けても捜《さが》し出《だ》すのだ！

日本《にっぽん》の小泉首相《こいずみしゅしょう》は「テロ対策特別措置法《たいさくとくべつそちほう》」により、海上自衛隊《かいじょうじえいたい》をインド洋《よう》に派遣《はけん》。
補給《ほきゅう》はまかせろ！
海上自衛隊補給艦《かいじょうじえいたいほきゅうかん》
テロ根絶《こんぜつ》のために！
海上自衛隊《かいじょうじえいたい》による補給支援活動《ほきゅうしえんかつどう》

アメリカはさらに2003（平成《へいせい》15）年3月《がつ》、大量破壊兵器《たいりょうはかいへいき》を持《も》っているという理由《りゆう》でイラクに侵攻《しんこう》……
我々《われわれ》はイラクを解放《かいほう》した。
5月《がつ》にはブッシュ大統領《だいとうりょう》が勝利宣言《しょうりせんげん》を出《だ》します。

日本政府《にっぽんせいふ》は7月《がつ》26日《にち》にイラク特別措置法《とくべつそちほう》を成立《せいりつ》させ、12月《がつ》にはイラク復興支援《ふっこうしえん》の名《な》の元《もと》、自衛隊《じえいたい》をイラクに派遣《はけん》しました。
水質調査《すいしつちょうさ》
給水《きゅうすい》
物資輸送《ぶっしゆそう》
補給支援《ほきゅうしえん》
2009(平成《へいせい》21)年《ねん》まで派遣《はけん》は続《つづ》きました。
しかし結局《けっきょく》大量破壊兵器《たいりょうはかいへいき》は見《み》つからず、2011年《ねん》12月《がつ》にオバマ大統領《だいとうりょう》が戦争終結宣言《せんそうしゅうけつせんげん》を出《だ》したことで、イラク戦争《せんそう》は終結《しゅうけつ》しました。
イラクでのアメリカの戦争《せんそう》は終《お》わります。
2005(平成《へいせい》17)年《ねん》——
つくばエクスプレス開通《かいつう》
みなさん、よく聞《き》いてください!

＊郵便局《ゆうびんきょく》株式会社《かぶしきがいしゃ》と郵便事業《ゆうびんじぎょう》株式会社《かぶしきがいしゃ》は後《のち》に合併《がっぺい》して日本郵便《にっぽんゆうびん》株式会社《かぶしきがいしゃ》となる。

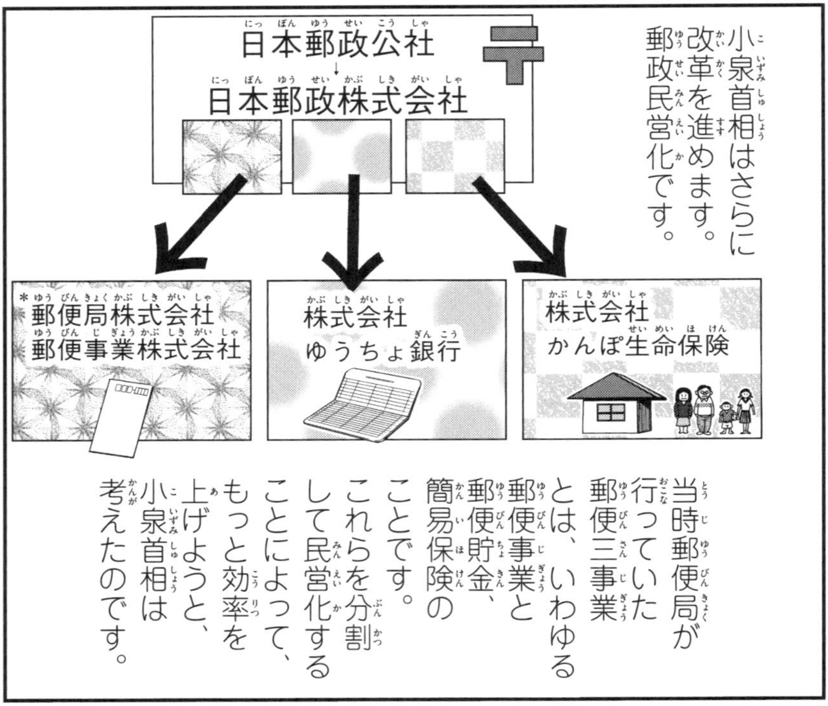
小泉首相《こいずみしゅしょう》はさらに改革《かいかく》を進《すす》めます。郵政民営化《ゆうせいみんえいか》です。
日本郵政公社《にっぽんゆうせいこうしゃ》
↓
日本郵政株式会社《にっぽんゆうせいかぶしきがいしゃ》
＊郵便局株式会社《ゆうびんきょくかぶしきがいしゃ》
郵便事業株式会社《ゆうびんじぎょうかぶしきがいしゃ》
株式会社《かぶしきがいしゃ》
ゆうちょ銀行《ぎんこう》
株式会社《かぶしきがいしゃ》
かんぽ生命保険《せいめいほけん》
当時郵便局《とうじゆうびんきょく》が行《おこな》っていた郵便三事業《ゆうびんさんじぎょう》とは、いわゆる郵便事業《ゆうびんじぎょう》と郵便貯金《ゆうびんちょきん》、簡易保険《かんいほけん》のことです。これらを分割《ぶんかつ》して民営化《みんえいか》することによって、もっと効率《こうりつ》を上《あ》げようと、小泉首相《こいずみしゅしょう》は考《かんが》えたのです。

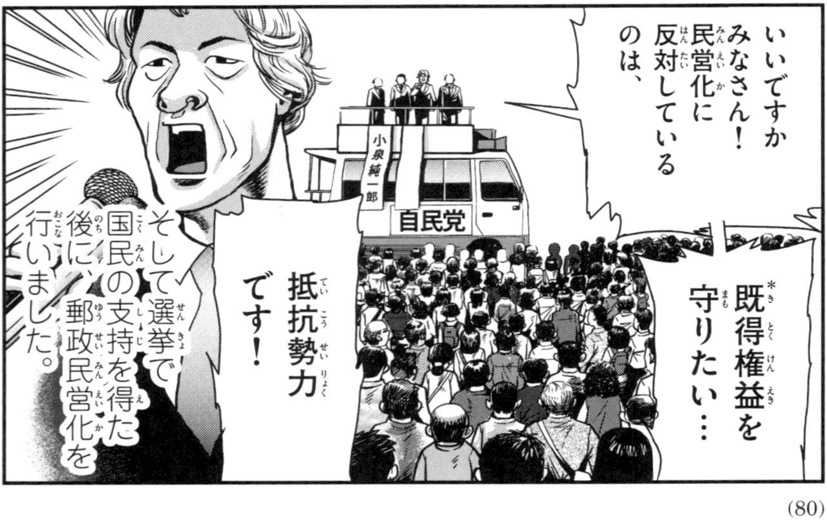
いいですかみなさん！民営化《みんえいか》に反対《はんたい》しているのは、
＊既得権益《きとくけんえき》を守《まも》りたい…
抵抗勢力《ていこうせいりょく》です！
小泉純一郎
自民党
そして選挙《せんきょ》で国民《こくみん》の支持《しじ》を得《え》た後《のち》に、郵政民営化《ゆうせいみんえいか》を行《おこな》いました。

＊既得権益《きとくけんえき》…国《くに》や組織《そしき》などが、法律《ほうりつ》に基《もと》づき、以前《いぜん》から手《て》にしている権利《けんり》や利益《りえき》のこと。

しかし
あいかわらず
景気《けいき》は回復《かいふく》せず……
パタ
格差社会《かくさしゃかい》か……
この子《こ》が大《おお》きくなっても、そんな社会《しゃかい》が続《つづ》いてるのかな…
このころ構造改革《こうぞうかいかく》は進《すす》みましたが、長引《ながび》く不況《ふきょう》の中《なか》、企業《きぎょう》は人件費《じんけんひ》を減《へ》らさざるを得《え》なくなり、
正社員
非正規雇用
給与
ピラ…
少《すく》ない…
正社員《せいしゃいん》になりたい…
その結果《けっか》、派遣社員《はけんしゃいん》やパートタイマー、アルバイトなど、安《やす》い賃金《ちんぎん》で労働《ろうどう》に従事《じゅうじ》する非正規雇用者《ひせいきこようしゃ》が増加《ぞうか》しました。
大学《だいがく》を出《で》ても正規採用《せいきさいよう》がなく、フリーターになる若者《わかもの》が続出《ぞくしゅつ》。「勝《か》ち組《ぐみ》」「負《ま》け組《ぐみ》」などという言葉《ことば》が流行《りゅうこう》し、格差社会《かくさしゃかい》が出現《しゅつげん》したのです。
正社員

フリーターを切《き》り捨《す》てるな！
我々《われわれ》にも生活《せいかつ》の権利《けんり》を！
最低賃金《さいていちんぎん》上《あ》げろ！
上げろ¥
¥1500
UP
1500
アメリカで起《お》きた2007年《ねん》の*サブプライムローン問題《もんだい》、2008年《ねん》の*リーマンショックなどの影響《えいきょう》もあり、日本社会《にっぽんしゃかい》はますます混乱《こんらん》……
世界の株価急落
朝朝新聞
*年越《とし》し《こ》派《は》遣《けん》村《むら》
ひきこもり中！
こども食堂
こども 無料
大人 300円
2009（平成《へいせい》21）年《ねん》、国民《こくみん》の不満《ふまん》が高《たか》まる中《なか》、自由民主党《じゆうみんしゅとう》が選挙《せんきょ》に敗《やぶ》れ、民主党《みんしゅとう》が政権《せいけん》を握《にぎ》ります。
民《みん》主《しゅ》党《とう》
鳩山由紀夫《はとやまゆきお》
コロコロ政権《せいけん》が変《か》わっておったなあ。

＊低所得者《ていしょとくしゃ》向《む》け住宅《じゅうたく》ローンのサブプライムローンが破綻《はたん》。それを受《う》けて、大手証券会社《おおてしょうけんがいしゃ》のリーマン・ブラザースが倒産《とうさん》、世界中《せかいじゅう》で株価《かぶか》が暴落《ぼうらく》した。

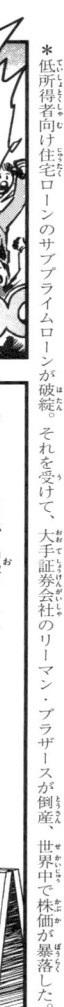

この年《とし》の1月《がつ》、アメリカではオバマ大統領《だいとうりょう》が誕生《たんじょう》しました。
Yes《イエス》 we《ウィ》 can《キャン》!
日本《にっぽん》では、5月《がつ》に裁判員裁判制度《さいばんいんさいばんせいど》がスタートします。
先輩《せんぱい》。
和夫《かずお》・43歳《さい》
来週《らいしゅう》どうしてもお休《やす》みをいただきたいんですが…
何《なん》だいきなり。
来週《らいしゅう》は大事《だいじ》な会議《かいぎ》がたくさん入《はい》ってるだろ。
ええ…それはわかってるんですが…
どんな理由《りゆう》だ？
それが言《い》えないことになってるんです。
はあ？

私《わたし》は理由《りゆう》を言《い》ってしまいたいんですが、国《くに》からそれを止《と》められてまして…
もしかしてあれか…裁判員《さいばんいん》に選《えら》ばれたとか？
はい…ぁ
いえ…守秘義務《しゅひぎむ》が……
外国《がいこく》の多《おお》くでは、＊刑事裁判《けいじさいばん》に直接国民《ちょくせつこくみん》が関《かか》わる制度《せいど》が設《もう》けられていました。
日本《にっぽん》でも、国民《こくみん》の司法《しほう》への理解《りかい》を深《ふか》めるため、また国民《こくみん》の理解《りかい》しやすい裁判《さいばん》を実現《じつげん》するために、裁判員裁判制度《さいばんいんさいばんせいど》が導入《どうにゅう》されたのです。
裁判員《さいばんいん》の仕事《しごと》
事件《じけん》ごとに６人《にん》の裁判員《さいばんいん》が選《えら》ばれます。
公判《こうはん》
裁判員《さいばんいん》
裁判官《さいばんかん》
裁判員《さいばんいん》
検察官《けんさつかん》
弁護人《べんごにん》
証人《しょうにん》
被告人《ひこくにん》
評議《ひょうぎ》
有罪無罪《ゆうざいむざい》などを話《はな》し合《あ》います。
判決《はんけつ》
判決《はんけつ》が出《で》たら終了《しゅうりょう》です。
〜〜〜。

＊刑事裁判《けいじさいばん》：犯罪《はんざい》の被疑者《ひぎしゃ》の有罪無罪《ゆうざいむざい》や刑罰《けいばつ》を決《き》めるための審理《しんり》を行《おこな》うこと。

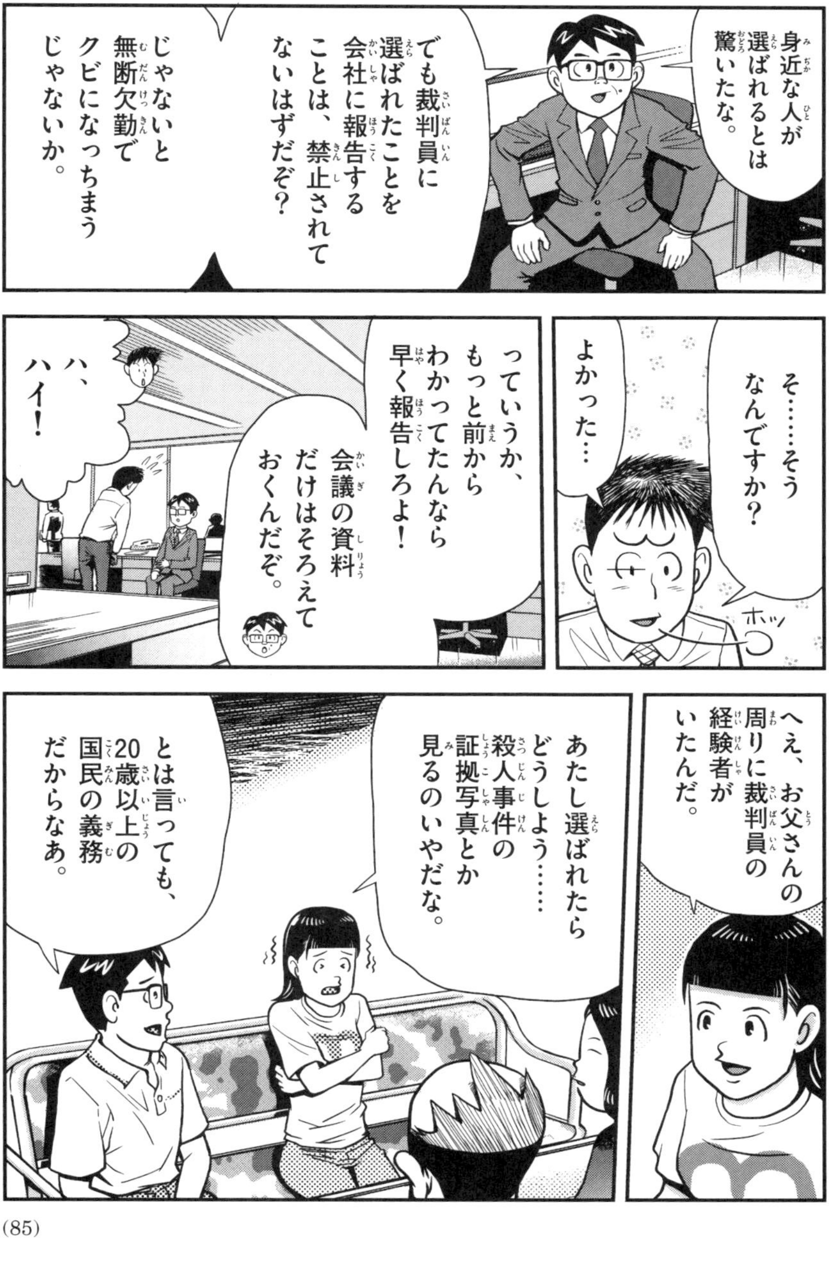
身近《みぢか》な人《ひと》が選《えら》ばれるとは驚《おどろ》いたな。
でも裁判員《さいばんいん》に選《えら》ばれたことを会社《かいしゃ》に報告《ほうこく》することは、禁止《きんし》されてないはずだぞ？
じゃないと無断欠勤《むだんけっきん》でクビになっちまうじゃないか。
そ……そうなんですか？
よかった…
ホッ
っていうか、もっと前《まえ》からわかってたんなら早《はや》く報告《ほうこく》しろよ！
会議《かいぎ》の資料《しりょう》だけはそろえておくんだぞ。
ハ、ハイ！
へえ、お父《とう》さんの周《まわ》りに裁判員《さいばんいん》の経験者《けいけんしゃ》がいたんだ。
あたし選《えら》ばれたらどうしよう……殺人事件《さつじんじけん》の証拠写真《しょうこしゃしん》とか見《み》るのいやだな。
とは言《い》っても、20歳以上《さいいじょう》の国民《こくみん》の義務《ぎむ》だからなあ。

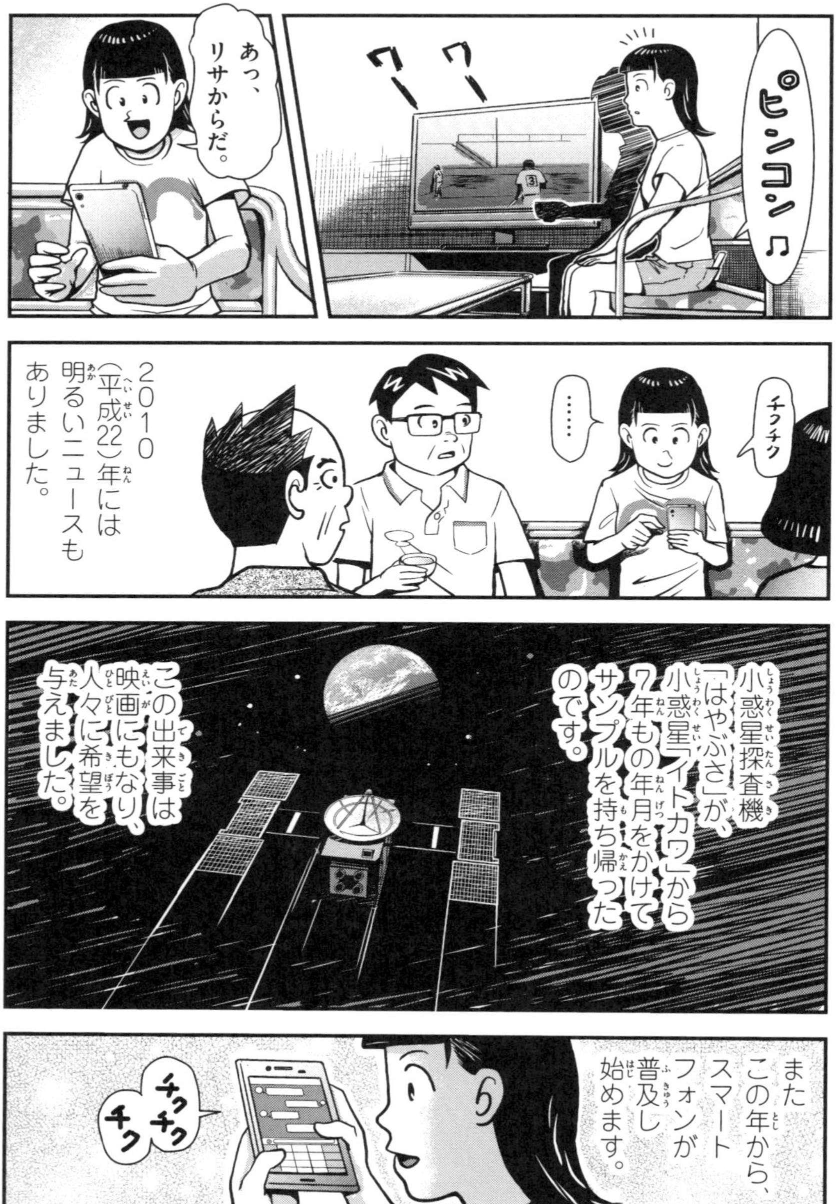
ピンコン♫
ワー
ワー
あっ、リサからだ。
チクチク
……
2010(平成《へいせい》22)年《ねん》には明《あか》るいニュースもありました。
小惑星探査機《しょうわくせいたんさき》「はやぶさ」が、小惑星《しょうわくせい》「イトカワ」から7年《ねん》もの年月《ねんげつ》をかけてサンプルを持《も》ち帰《かえ》ったのです。
この出来事《できごと》は映画《えいが》にもなり、人々《ひとびと》に希望《きぼう》を与《あた》えました。
またこの年《とし》から、スマートフォンが普及《ふきゅう》し始《はじ》めます。
チク
チク
チク

ところで和夫《かずお》、美佳《みか》にはいつから携帯《けいたい》を与《あた》えてた？
♪
中学《ちゅうがく》に入《はい》った時《とき》だったかな。
たまに市街地《しがいち》に出《で》かけると、若《わか》い子《こ》はみんなスマホを持《も》っていますよ。
わしはすっかり置《お》いていかれて、さっぱりわからんよ。
そもそもインターネットが始《はじ》まったのは、1969年《ねん》のことです。アメリカの国防省《こくぼうしょう》が4台《だい》のコンピュータをつないで、ネットワークを作《つく》りました。
その後《ご》大学《だいがく》でも同《おな》じようなネットワークができます。

コンピュータはどんどん小型化《こがたか》され、企業《きぎょう》でも使用《しよう》されるようになり、
1990年頃《ねんごろ》のアメリカでは、一般《いっぱん》の人《ひと》でもインターネットにつなげられるようになりました。
フロッピーディスク
カタカタカタ
1995年《ねん》にWindows《ウィンドウズ》95が発売《はつばい》されると、パソコンやインターネットが広《ひろ》がり、
Windows95 発売！
マルチメディア
パソコン
最後尾
ウィンドウズ95
Windows95
携帯電話《けいたいでんわ》も一気《いっき》に利用者《りようしゃ》が増《ふ》えました。
そしてスマホの登場《とうじょう》で、人々《ひとびと》はより手軽《てがる》にインターネットにつながるようになります。

インターネットは何《なに》が便利《べんり》なんじゃ？
そりゃあ何《なん》でも調《しら》べられることだよ。今日《きょう》のニュースや天気予報《てんきよほう》、電車《でんしゃ》の時刻表《じこくひょう》やおいしいお店《みせ》なんて、パパッと調《しら》べられるんだ。
天気《てんき》
8℃ 最低
15℃ 最高
時刻表《じこくひょう》
出発 東京 12:55
↓
到着 三鷹 13:26
グルメ
日本一のラーメン屋
地図《ちず》
昔《むかし》はいちいちテレビや新聞《しんぶん》、雑誌《ざっし》なんかで調《しら》べてたことが、一瞬《いっしゅん》でわかっちゃうんでしょ？
生活情報《せいかつじょうほう》だけじゃなく、学問的《がくもんてき》な調《しら》べものもあっという間《ま》だね。
通信販売《つうしんはんばい》や旅行《りょこう》の予約《よやく》も簡単《かんたん》らしいわね。
お金《かね》の支払《しはら》いもできるし、音楽《おんがく》や本《ほん》も手《て》に入《はい》るよ。
ゴトン

しかし それじゃあ だれも店《みせ》や 図書館《としょかん》に 行《い》かなくなる じゃないか。
そんなことは ないけど……
生産者《せいさんしゃ》から問屋《とんや》や小売店《こうりてん》を 通《つう》じて手《て》に入《はい》っていたモノが、 直接《ちょくせつ》、生産者《せいさんしゃ》から 手《て》に入《はい》ってしまうからね。
生産者《せいさんしゃ》
問屋《とんや》 小売店《こうりてん》
○○屋
インターネット
消費者《しょうひしゃ》
売《う》ってくれる相手《あいて》の 顔《かお》が見《み》えないってのは、 ワシは何《なん》だか合《あ》わないなあ。
それは 大丈夫《だいじょうぶ》だよ。
インターネットを通《つう》じて 直接消費者《ちょくせつしょうひしゃ》に 売《う》っている人《ひと》でも、
ブログをやっていたり ちゃんと本人《ほんにん》が顔《かお》を出《だ》して 商品《しょうひん》の宣伝《せんでん》をしたりする人《ひと》が たくさんいるからね。
そうなのか？
NINNIK
増量中！
むしろ昔《むかし》より 商品《しょうひん》の情報《じょうほう》が 増《ふ》えてるから、 いいモノに早《はや》く たどりつけるんだ。
ほう。

インターネットは自分《じぶん》の情報《じょうほう》を発信《はっしん》することもできるから、いらないモノをオークションに出《だ》したりもできるし、世《よ》の中《なか》に自分《じぶん》の意見《いけん》なんかを発信《はっしん》することもできるね。
BOOK
星《ほし》☆☆☆みっつ！
…
同《おな》じ趣味《しゅみ》の人《ひと》とのつながりもできるし、映像《えいぞう》もやりとりできるから、便利《べんり》は便利《べんり》だと思《おも》うよ。
しかしそれを悪用《あくよう》するやつらもいるじゃろう。
何《なん》とか詐欺《さぎ》とか……
*フィッシング詐欺《さぎ》かな。他《ほか》にもウイルスをまき散《ち》らしたりするサイバーテロや、ネットを使《つか》って薬物《やくぶつ》や武器《ぶき》を取《と》り引《ひ》きしたり……
あわわ…
犯罪《はんざい》も便利《べんり》になるってことだわね。
そうですね～

＊フィッシング詐欺《さぎ》…実在《じつざい》する金融機関《きんゆうきかん》や企業名《きぎょうめい》の、にせのメールやウェブサイトで、クレジットカードの番号《ばんごう》や暗証番号《あんしょうばんごう》などを入手《にゅうしゅ》する詐欺《さぎ》のこと。

＊電子《でんし》掲示板《けいじばん》で＊誹謗中傷《ひぼうちゅうしょう》されることもあるだろうし、
出会《であ》い系《けい》サイトで知《し》り合《あ》った人《ひと》と実際《じっさい》に会《あ》って、犯罪《はんざい》にまきこまれたなんて話《はなし》もよく聞《き》くね。
今度
会いましょう
カチャ
カチャ
カチャ
いいですよ
ピコン
こわいのぉ…
インターネットの中《なか》では、本名《ほんみょう》を使《つか》わずにハンドルネームっていう自分《じぶん》につけるあだ名《な》のようなもので活動《かつどう》している人《ひと》が多《おお》いのも特徴《とくちょう》なんだ。
ウサマル
まえまえ
MK3
なんと！
それじゃ名前《なまえ》からは相手《あいて》が男《おとこ》か女《おんな》かもわからんということか？
そういうことだね。だから注意《ちゅうい》が必要《ひつよう》なんだ。

＊電子《でんし》掲示板《けいじばん》…コンピュータネットワークで、記事《きじ》を書《か》き込《こ》んだり、読《よ》んだり、コメントできるようにした仕組《しく》みのこと。

＊誹謗中傷《ひぼうちゅうしょう》…根拠《こんきょ》のない悪口《わるくち》を言《い》いふらして、他人《たにん》を傷《きず》つけること。

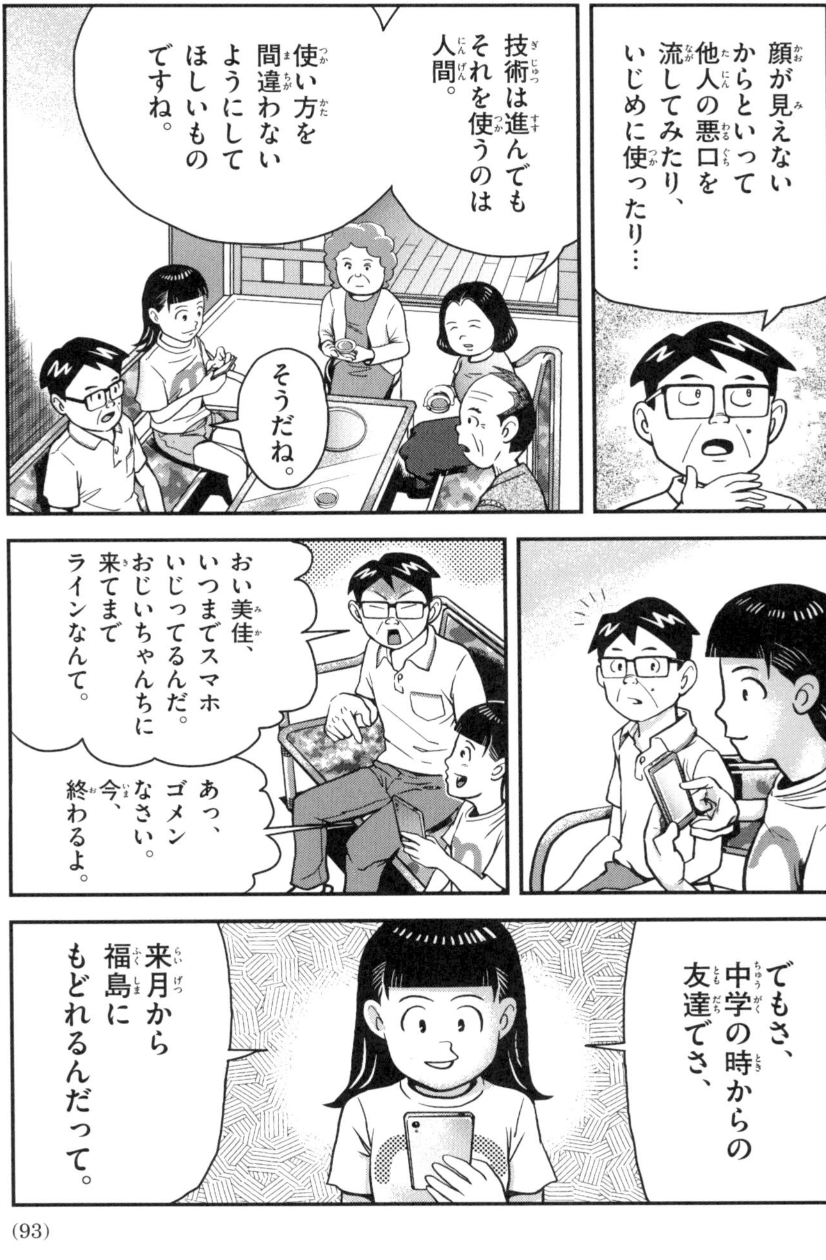

顔《かお》が見《み》えないからといって他人《たにん》の悪口《わるぐち》を流《なが》してみたり、いじめに使《つか》ったり…
技術《ぎじゅつ》は進《すす》んでもそれを使《つか》うのは人間《にんげん》。
使《つか》い方《かた》を間違《まちが》わないようにしてほしいものですね。
そうだね。
おい美佳《みか》、いつまでスマホいじってるんだ。おじいちゃんちに来《き》てまでラインなんて。
あっ、ゴメンなさい。今《いま》、終《お》わるよ。
でもさ、中学《ちゅうがく》の時《とき》からの友達《ともだち》でさ、
来月《らいげつ》から福島《ふくしま》にもどれるんだって。

福島《ふくしま》……
ああ
震災《しんさい》の後《あと》に
東京《とうきょう》へ行《い》った
子《こ》か。
それは
よかったな。
うん！
2011（平成《へいせい》23）年《ねん》
3月《がつ》11日《にち》
東日本大震災発生《ひがしにほんだいしんさいはっせい》
えっ
地震《じしん》
!?
美佳《みか》
10歳半《さいはん》
明るく 元気に!!
わ

わああ！
ガー
キャ——!!
キャ～～～～
東北《とうほく》地方《ちほう》の三陸沖《さんりくおき》深《ふか》さ24キロを震源《しんげん》とするマグニチュード9・0の巨大《きょだい》地震《じしん》が発生《はっせい》——
ゴゴゴゴゴ
この地震《じしん》による津波《つなみ》の高《たか》さは10メートルにも及《およ》びました。
およそ12万棟《まんとう》の家屋《かおく》が全壊《ぜんかい》。
死者《ししゃ》・行方不明者《ゆくえふめいしゃ》はおよそ2万人《まんにん》といわれています。
（震災関連死《しんさいかんれんし》をふくむ）

また、その影響《えいきょう》で東京《とうきょう》電力《でんりょく》福島《ふくしま》第一《だいいち》原子力《げんしりょく》発電所《はつでんしょ》では*メルトダウンが発生《はっせい》――
ドン
ゴゴゴゴ…
爆発《ばくはつ》を起《お》こし、大量《たいりょう》の放射性《ほうしゃせい》物質《ぶっしつ》放出《ほうしゅつ》という、大事故《だいじこ》を起《お》こします。
福島《ふくしま》の広《ひろ》い地域《ちいき》が放射能《ほうしゃのう》に汚染《おせん》され、多《おお》くの人《ひと》が自宅《じたく》に帰《かえ》ることができず、他《ほか》の地域《ちいき》に移転《いてん》せざるを得《え》なくなったのです。
FUKUSHIMA
あの子《こ》、すごく喜《よろこ》んでるみたい。7年《ねん》ぶりに福島《ふくしま》に帰《かえ》れるんだもんね。
あの時《とき》は、東京《とうきょう》のお前《まえ》の家《いえ》となかなか連絡《れんらく》がつかなかったな。
そうだったね。
帰宅《きたく》難民《なんみん》状態《じょうたい》で、9時間《じかん》くらいは歩《ある》いたかな……
ゾロゾロ……

*メルトダウン…原子力《げんしりょく》発電所《はつでんしょ》で原子炉《げんしろ》の炉心《ろしん》にある核燃料《かくねんりょう》が過熱《かねつ》し、燃料《ねんりょう》や炉心《ろしん》が溶《と》けて破損《はそん》すること。放射性《ほうしゃせい》物質《ぶっしつ》が周囲《しゅうい》に拡散《かくさん》する危険性《きけんせい》がある。

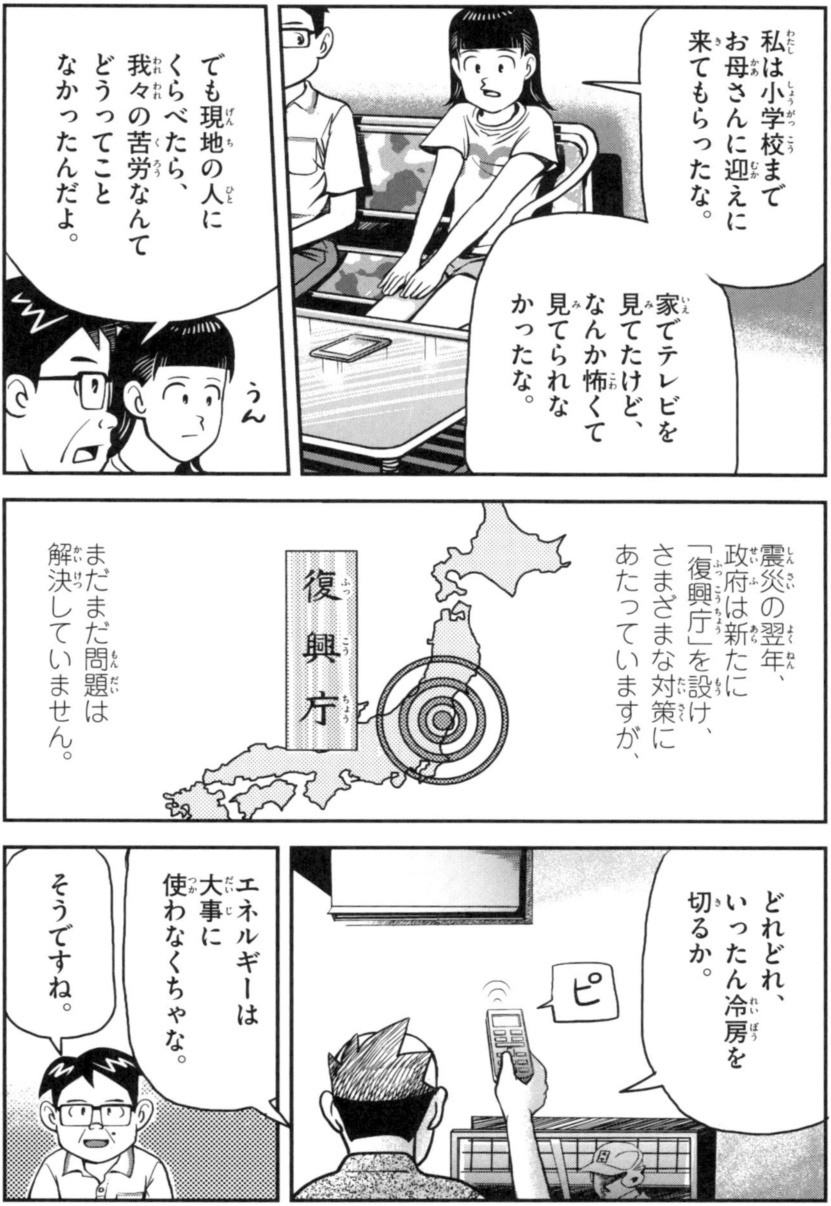
私《わたし》は小学校《しょうがっこう》まで
お母《かあ》さんに迎《むか》えに
来《き》てもらったな。
家《いえ》でテレビを見《み》てたけど、なんか怖《こわ》くて見《み》てられなかったな。
でも現地《げんち》の人《ひと》にくらべたら、我々《われわれ》の苦労《くろう》なんてどうってことなかったんだよ。
うん
震災《しんさい》の翌年《よくねん》、政府《せいふ》は新《あら》たに「復興庁《ふっこうちょう》」を設《もう》け、さまざまな対策《たいさく》にあたっていますが、
復《ふっ》興《こう》庁《ちょう》
まだまだ問題《もんだい》は解決《かいけつ》していません。
どれどれ、いったん冷房《れいぼう》を切《き》るか。
ピ
エネルギーは大事《だいじ》に使《つか》わなくちゃな。
そうですね。

資源《しげん》は有限《ゆうげん》。これからは再生可能《さいせいかのう》エネルギーの時代《じだい》だよ。
うむ。
再生可能《さいせいかのう》エネルギーって?
再生可能《さいせいかのう》エネルギーっていうのは、
太陽光発電《たいようこうはつでん》や水力《すいりょく》・風力発電《ふうりょくはつでん》、地熱発電《ちねつはつでん》、*バイオマスみたいに、半永久的《はんえいきゅうてき》に使《つか》える資源《しげん》のことだよ。
二酸化炭素《にさんかたんそ》も出《だ》さないから、地球温暖化《ちきゅうおんだんか》にも対応《たいおう》できるんだ。
太陽光《たいようこう》
水力《すいりょく》
風力《ふうりょく》
地熱《ちねつ》
バイオマス
メタン
CH_4

＊バイオマス…主《おも》に木材《もくざい》、海草《かいそう》、生《なま》ゴミ、紙《かみ》、動物《どうぶつ》の死骸《しがい》・ふん尿《にょう》、プランクトンなど、動植物《どうしょくぶつ》から生《う》まれた、再利用可能《さいりようかのう》な有機性《ゆうきせい》の資源《しげん》のこと。

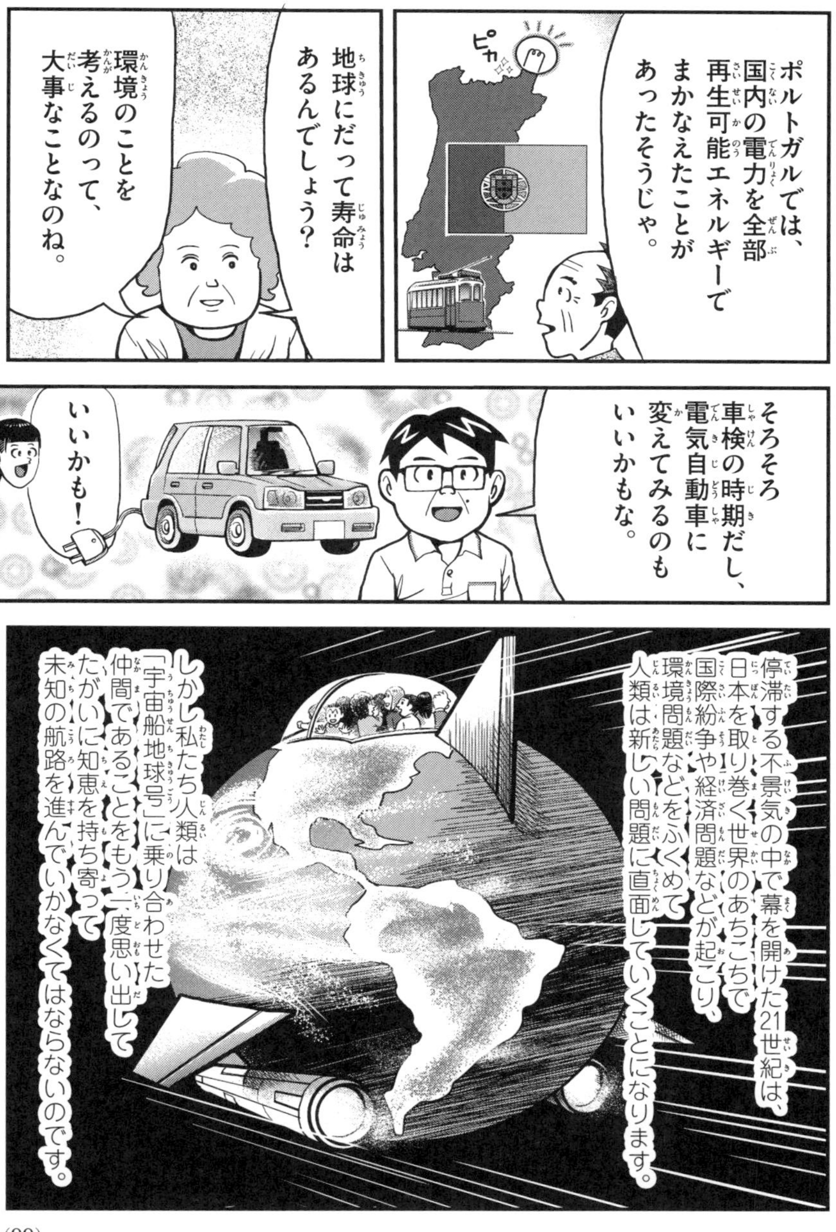
ポルトガルでは、国内《こくない》の電力《でんりょく》を全部《ぜんぶ》再生可能《さいせいかのう》エネルギーでまかなえたことがあったそうじゃ。
ピカ
地球《ちきゅう》にだって寿命《じゅみょう》はあるんでしょう?
環境《かんきょう》のことを考《かんが》えるのって、大事《だいじ》なことなのね。
そろそろ車検《しゃけん》の時期《じき》だし、電気自動車《でんきじどうしゃ》に変《か》えてみるのもいいかもな。
いいかも!
停滞《ていたい》する不景気《ふけいき》の中《なか》で幕《まく》を開《あ》けた21世紀《せいき》は、日本《にっぽん》を取《と》り巻《ま》く世界《せかい》のあちこちで国際紛争《こくさいふんそう》や経済問題《けいざいもんだい》などが起《お》こり、環境問題《かんきょうもんだい》などをふくめて人類《じんるい》は新《あたら》しい問題《もんだい》に直面《ちょくめん》していくことになります。
しかし私《わたし》たち人類《じんるい》は「宇宙船地球号《うちゅうせんちきゅうごう》」に乗《の》り合《あ》わせた仲間《なかま》であることをもう一度《いちど》思《おも》い出《だ》してたがいに知恵《ちえ》を持《も》ち寄《よ》って未知《みち》の航路《こうろ》を進《すす》んでいかなくてはならないのです。

▶２０２０年《ねん》オリンピック・パラリンピックの開催地《かいさいち》が東京《とうきょう》に決《き》まった瞬間《しゅんかん》

第《だい》四章《しょう》

新《あたら》しい時代《じだい》へ

これまでの章《しょう》で見《み》てきたように、
日本《にっぽん》だけでなく、世界《せかい》にも
さまざまな問題《もんだい》が
山積《やまづ》みになっています。
そんな中《なか》、平和《へいわ》の祭典《さいてん》といわれる
オリンピック・パラリンピックが
２０２０年《ねん》に東京《とうきょう》で
行《おこな》われます。
激動《げきどう》の平成《へいせい》を乗《の》り切《き》ってきた
日本《にっぽん》には、さっそく
新《あたら》しい時代《じだい》への貢献《こうけん》が
期待《きたい》されているのです。

（提供　共同通信社）

次《つぎ》のニュースです。
戦没者追悼式
8月１５日終戦記念日
8月《がつ》15日《にち》の今日《きょう》、韓国《かんこく》では……
そうか、今日《きょう》は日本《にっぽん》では終戦記念日《しゅうせんきねんび》だけど、韓国《かんこく》では独立記念日《どくりつきねんび》になるんだね。
おばあちゃんは韓流《ハンりゅう》とかにははまらなかったの？
アハハ、私《わたし》はそういう年齢《ねんれい》じゃないわよ。
ヒラヒラ
日本《にっぽん》と韓国《かんこく》って、お隣《となり》なのに領土問題《りょうどもんだい》を抱《かか》えているんでしょう？
大韓民国《だいかんみんこく》
バチ
バチ
日本《にっぽん》
竹島問題《たけしまもんだい》か。

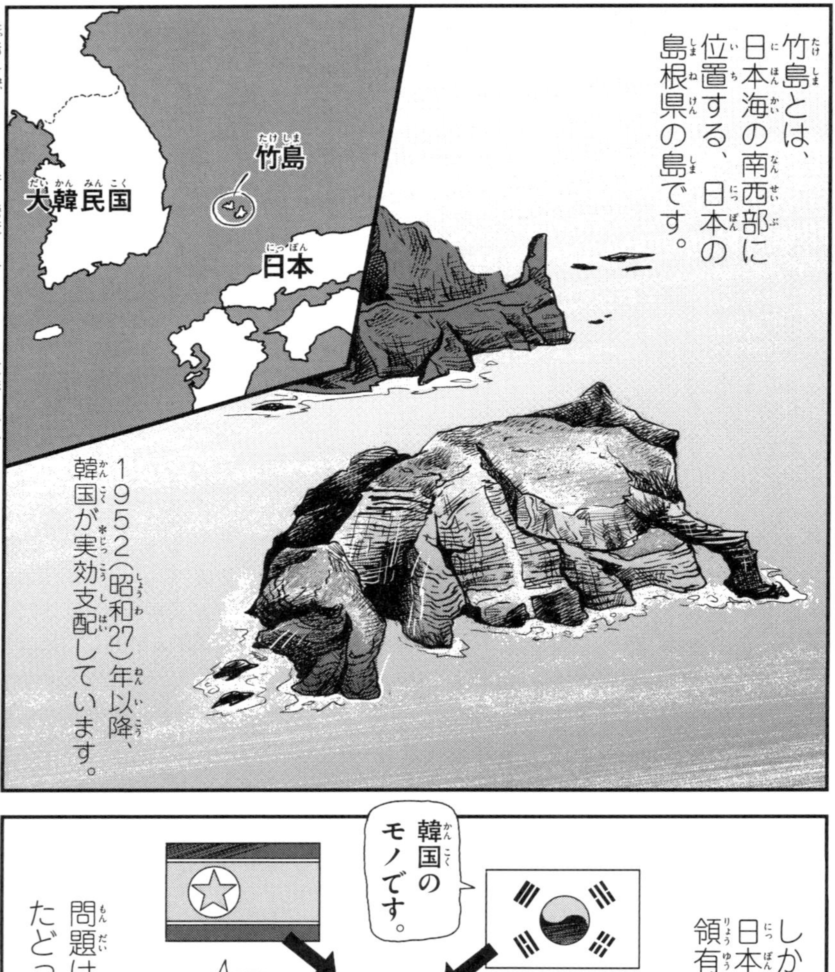
竹島《たけしま》とは、日本《にほん》海《かい》の南西部《なんせいぶ》に位置《いち》する、日本《にっぽん》の島根県《しまねけん》の島《しま》です。
竹島《たけしま》
大韓民国《だいかんみんこく》
日本《にっぽん》
1952（昭和《しょうわ》27）年《ねん》以降《いこう》、韓国《かんこく》が*実効支配《じっこうしはい》しています。

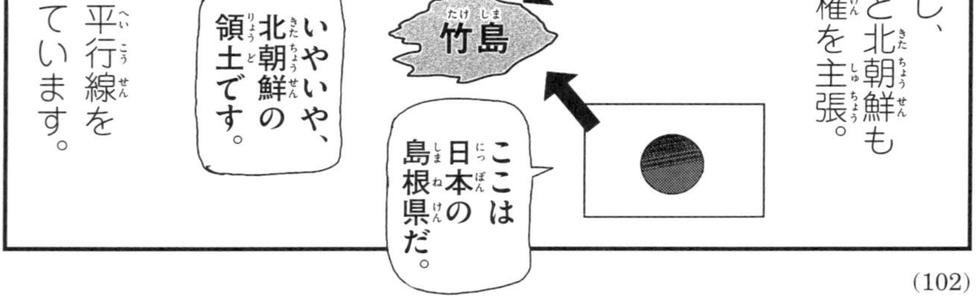
しかし、日本《にっぽん》と北朝鮮《きたちょうせん》も領有権《りょうゆうけん》を主張《しゅちょう》。
韓国《かんこく》のモノです。
竹島《たけしま》
ここは日本《にっぽん》の島根県《しまねけん》だ。
いやいや、北朝鮮《きたちょうせん》の領土《りょうど》です。
問題《もんだい》は平行線《へいこうせん》をたどっています。

＊実効支配《じっこうしはい》…ほかの国《くに》の承認《しょうにん》を得《え》ないまま、軍隊《ぐんたい》を駐留《ちゅうりゅう》させるなどして、ある地域《ちいき》を実質的《じっしつてき》に統治《とうち》していること。

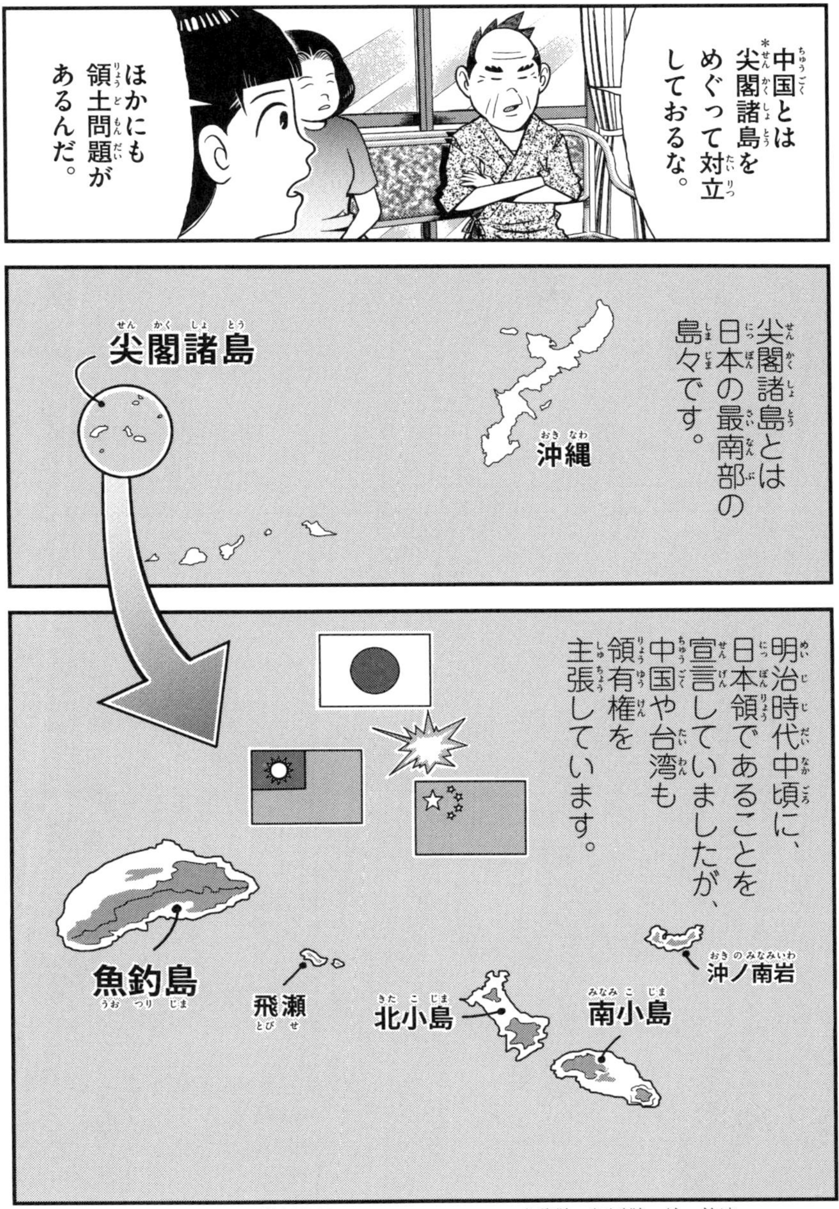
中国《ちゅうごく》とは*尖閣諸島《せんかくしょとう》をめぐって対立《たいりつ》しておるな。
ほかにも領土問題《りょうどもんだい》があるんだ。
尖閣諸島《せんかくしょとう》とは日本《にっぽん》の最南部《さいなんぶ》の島々《しまじま》です。
沖縄《おきなわ》
尖閣諸島《せんかくしょとう》
明治時代中頃《めいじじだいなかごろ》に、日本領《にっぽんりょう》であることを宣言《せんげん》していましたが、中国《ちゅうごく》や台湾《たいわん》も領有権《りょうゆうけん》を主張《しゅちょう》しています。
沖ノ南岩《おきのみなみいわ》
南小島《みなみこじま》
北小島《きたこじま》
飛瀬《とびせ》
魚釣島《うおつりじま》

＊尖閣諸島《せんかくしょとう》にはこれらのほかに、久場島《くばじま》、大正島《たいしょうじま》、沖ノ北岩《おききたいわ》などがある。

主《おも》に尖閣諸島《せんかくしょとう》の海底資源《かいていしげん》をめぐる争《あらそ》いが続《つづ》いているのです。
油田《ゆでん》
銅《どう》
金《きん》
天然《てんねん》ガス
Ni
V
Ti
*レアメタル
2012(平成《へいせい》24)年《ねん》、当時《とうじ》の野田首相《のだしゅしょう》は、20億円《おくえん》あまりをかけて、尖閣諸島《せんかくしょとう》を国有化《こくゆうか》しました。
野田首相《のだしゅしょう》
ズン
しかし、これに対《たい》して中国《ちゅうごく》が猛反発《もうはんぱつ》。
保护钓鱼岛!!
打倒日本帝国主义!
中国各地《ちゅうごくかくち》で反日《はんにち》デモが起《お》こり、日本《にっぽん》と中国《ちゅうごく》は1972(昭和《しょうわ》47)年《ねん》の国交正常化《こっこうせいじょうか》以来《いらい》、最悪《さいあく》の状態《じょうたい》になるのです。
スーパー

*レアメタル…工業製品《こうぎょうせいひん》に使《つか》われている金属《きんぞく》で、簡単《かんたん》には手《て》に入《はい》らないニッケル(Ni)バナジウム(V)チタン(Ti)などのこと。

この時《とき》の外交《がいこう》を失敗《しっぱい》したせいで、民主党《みんしゅとう》は政権《せいけん》を自民党《じみんとう》にわたすことになったんじゃな。
この年《とし》の12月《がつ》、自民党《じみんとう》の安倍晋三《あべしんぞう》が首相《しゅしょう》に就任《しゅうにん》します。
美《うつく》しい国《くに》。
第《だい》96代《だい》首相《しゅしょう》　安倍晋三《あべしんぞう》
安倍首相《あべしゅしょう》は、デフレからの脱却《だっきゃく》を目指《めざ》して、
アベノミクス
「アベノミクス」を提唱《ていしょう》しました。
アベノミクスって、結局《けっきょく》何《なに》をしたわけ？
美佳《みか》ちゃん、今日《きょう》はやけに質問《しつもん》するじゃないか。
だっておじいちゃんの話《はなし》、わかりやすいんだもん。

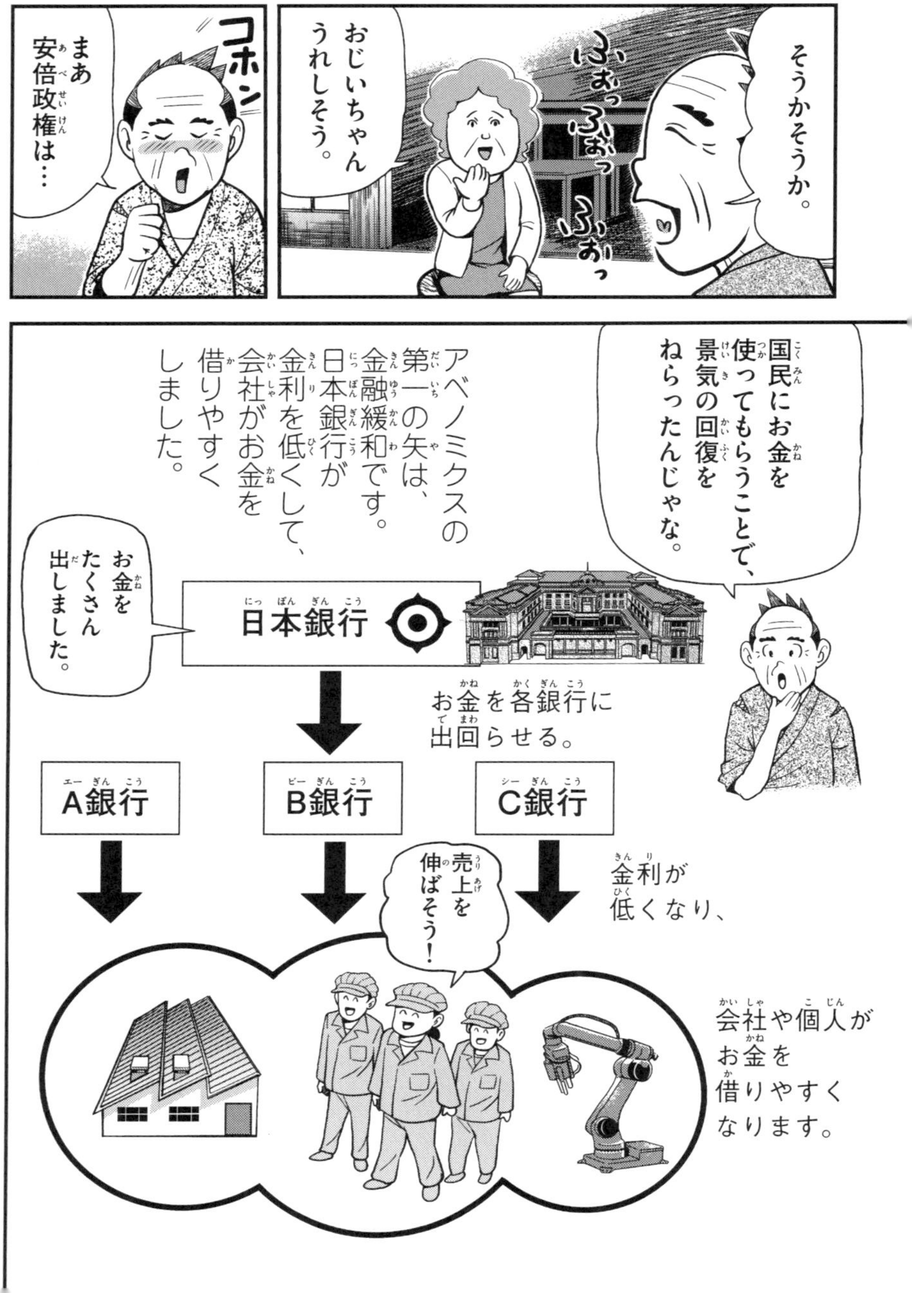
そうかそうか。
ふぉっふぉっふぉっ
おじいちゃんうれしそう。
コホン
まあ安倍《あべ》政権《せいけん》は…
国民《こくみん》にお金《かね》を使《つか》ってもらうことで、景気《けいき》の回復《かいふく》をねらったんじゃな。
アベノミクスの第一《だいいち》の矢《や》は、金融緩和《きんゆうかんわ》です。日本銀行《にっぽんぎんこう》が金利《きんり》を低《ひく》くして、会社《かいしゃ》がお金《かね》を借《か》りやすくしました。
お金《かね》をたくさん出《だ》しました。
日本銀行《にっぽんぎんこう》
お金《かね》を各銀行《かくぎんこう》に出回《でまわ》らせる。
A銀行《エーぎんこう》
B銀行《ビーぎんこう》
C銀行《シーぎんこう》
金利《きんり》が低《ひく》くなり、
売上《うりあげ》を伸《の》ばそう！
会社《かいしゃ》や個人《こじん》がお金《かね》を借《か》りやすくなります。

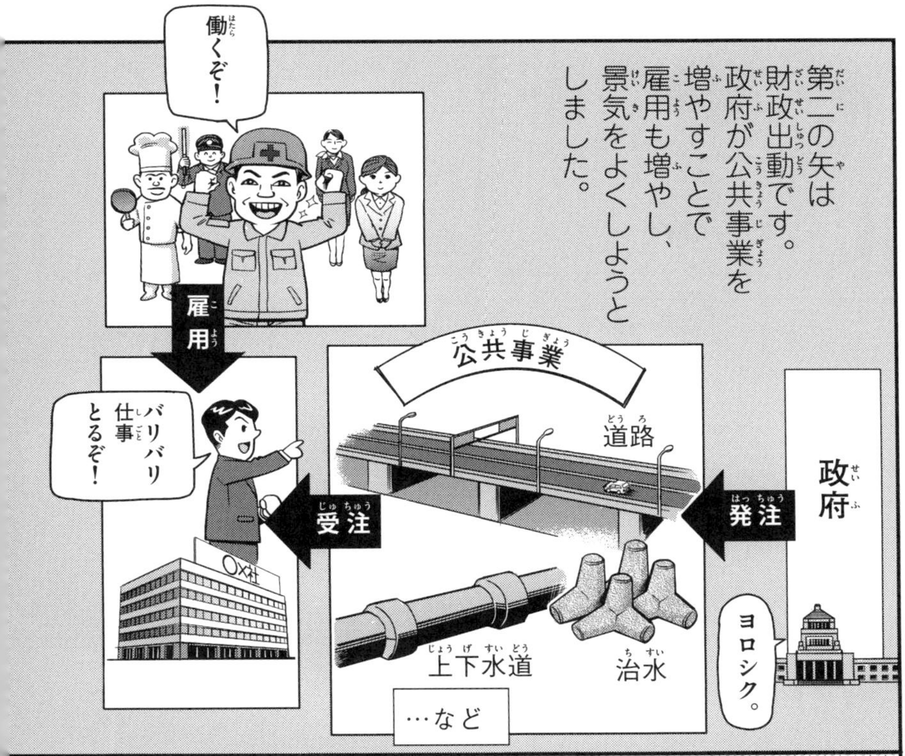
第《だい》二《に》の矢《や》は財政出動《ざいせいしゅつどう》です。政府《せいふ》が公共事業《こうきょうじぎょう》を増《ふ》やすことで雇用《こよう》も増《ふ》やし、景気《けいき》をよくしようとしました。
働《はたら》くぞ！
雇用《こよう》
バリバリ仕事《しごと》とるぞ！
受注《じゅちゅう》
○×社
公共事業《こうきょうじぎょう》
道路《どうろ》
発注《はっちゅう》
政府《せいふ》
上下水道《じょうげすいどう》
治水《ちすい》
…など
ヨロシク。

そして第三《だいさん》の矢《や》は成長戦略《せいちょうせんりゃく》。新《あたら》しい産業《さんぎょう》をどんどん生《う》み出《だ》そうという政策《せいさく》です。
カジノをふくむ総合型《そうごうがた》リゾート
ロボット革命《かくめい》実現会議《じつげんかいぎ》
…など
人材《じんざい》
雇用《こよう》
産業《さんぎょう》
地方創生《ちほうそうせい》

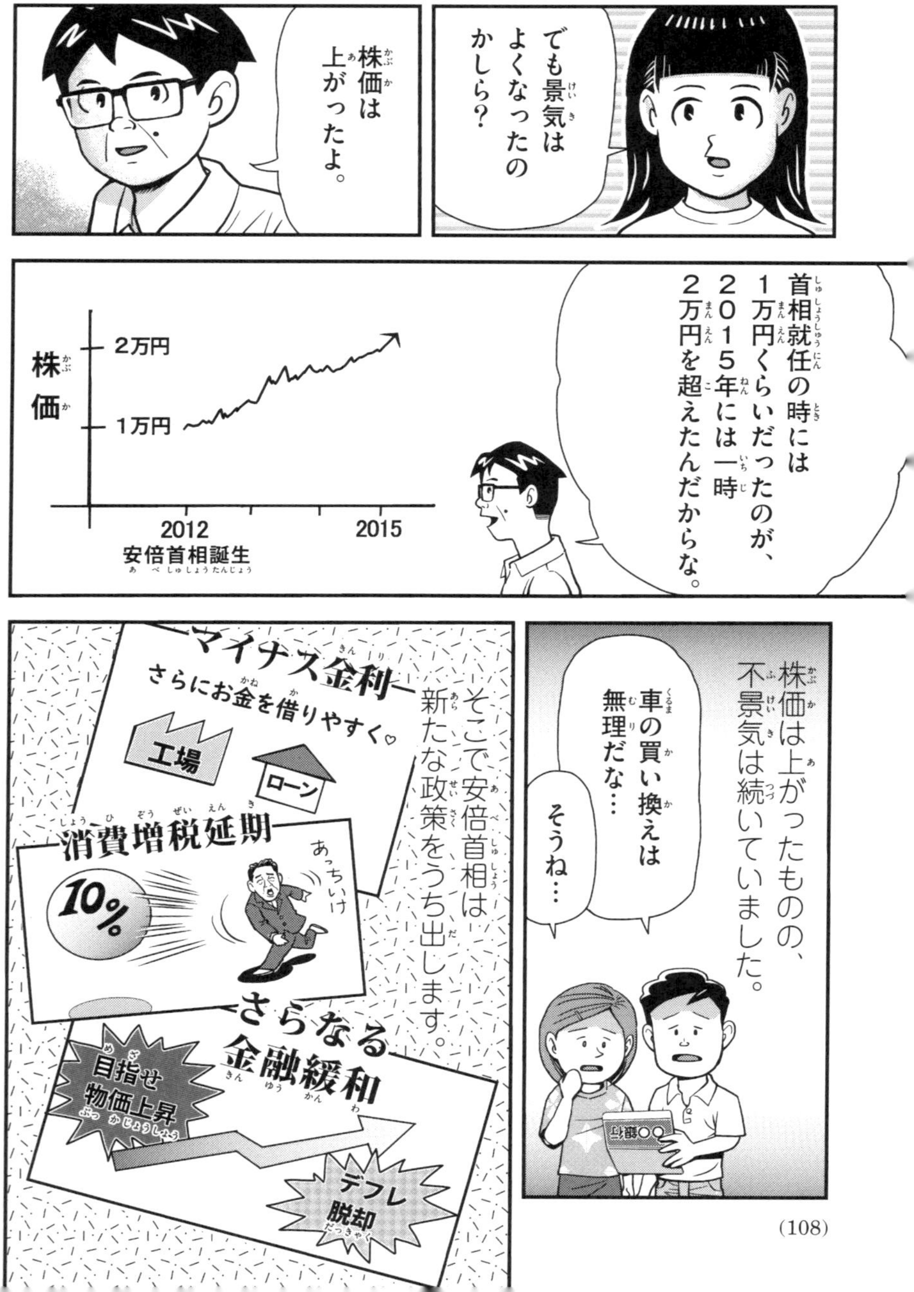

でも景気《けいき》はよくなったのかしら？
株価《かぶか》は上《あ》がったよ。
首相就任《しゅしょうしゅうにん》の時《とき》には1万円《まんえん》くらいだったのが、2015年《ねん》には一時《いちじ》2万円《まんえん》を超《こ》えたんだからな。
株価《かぶか》
2万円
1万円
2012
安倍首相誕生《あべしゅしょうたんじょう》
2015
株価《かぶか》は上《あ》がったものの、不景気《ふけいき》は続《つづ》いていました。
車《くるま》の買《か》い換《か》えは無理《むり》だな…
そうね…
そこで安倍首相《あべしゅしょう》は新《あら》たな政策《せいさく》をうち出《だ》します。
マイナス金利《きんり》
さらにお金《かね》を借《か》りやすく♡
工場
ローン
消費増税延期《しょうひぞうぜいえんき》
10%
あっちいけ
さらなる金融緩和《きんゆうかんわ》
目指《めざ》せ物価上昇《ぶっかじょうしょう》
デフレ脱却《だっきゃく》

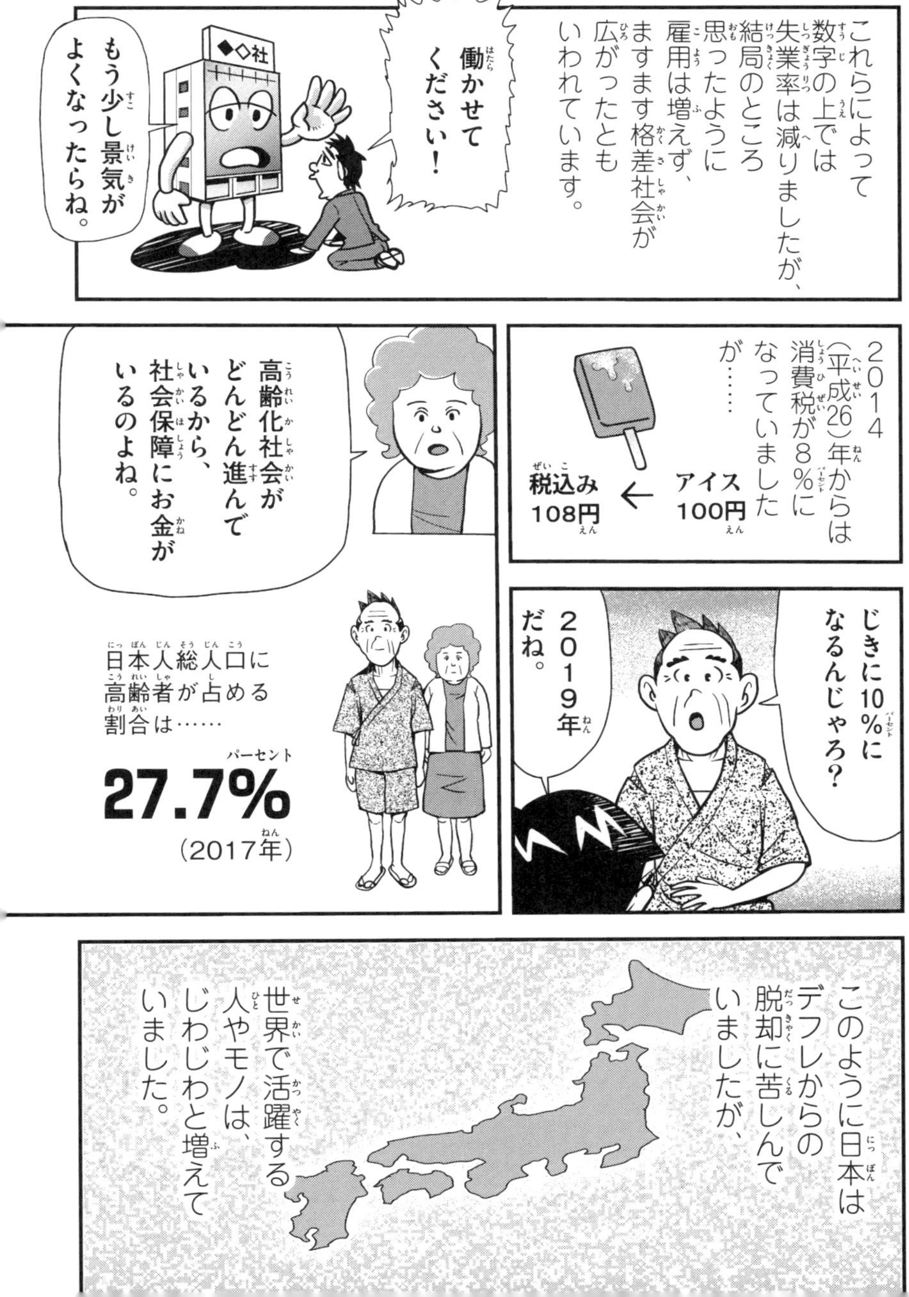
これらによって数字《すうじ》の上《うえ》では失業率《しつぎょうりつ》は減《へ》りましたが、結局《けっきょく》のところ思《おも》ったように雇用《こよう》は増《ふ》えず、ますます格差社会《かくさしゃかい》が広《ひろ》がったともいわれています。
働《はたら》かせてください！
◆◇社
もう少《すこ》し景気《けいき》がよくなったらね。
2014（平成《へいせい》26）年《ねん》からは消費税《しょうひぜい》が8%《パーセント》になっていましたが……
アイス 100円《えん》
←
税込《ぜいこ》み 108円《えん》
じきに10%《パーセント》になるんじゃろ？
2019年《ねん》だね。
高齢化社会《こうれいかしゃかい》がどんどん進《すす》んでいるから、社会保障《しゃかいほしょう》にお金《かね》がいるのよね。
日本人総人口《にっぽんじんそうじんこう》に高齢者《こうれいしゃ》が占《し》める割合《わりあい》は……
27.7%《パーセント》
（2017年《ねん》）
このように日本《にっぽん》はデフレからの脱却《だっきゃく》に苦《くる》しんでいましたが、
世界《せかい》で活躍《かつやく》する人《ひと》やモノは、じわじわと増《ふ》えていました。

2011(平成《へいせい》23)年《ねん》、なでしこジャパンが女子《じょし》サッカーワールドカップでアメリカを破《やぶ》り優勝《ゆうしょう》しました。
世界一《せかいいち》でーす！
澤穂希《さわほまれ》選手《せんしゅ》が大会《たいかい》MVP《エムブイピー》に選《えら》ばれました。
最後《さいご》はPK《ピーケー》戦《せん》だったな。
東日本大震災《ひがしにほんだいしんさい》の4か月後《げつご》に行《おこな》われたこの大会《たいかい》で、なでしこジャパンは世界各国《せかいかっこく》からの支援《しえん》に感謝《かんしゃ》の意《い》を表《ひょう》しました。
ありがとうございます！
To Our Friends Around the World
Thank You for Your Support
「世界中《せかいじゅう》の友人《ゆうじん》たちの支援《しえん》に感謝《かんしゃ》します。」
また2000年代《ねんだい》に入《はい》ると日本人《にっぽんじん》が次々《つぎつぎ》にノーベル賞《しょう》を受賞《じゅしょう》します。2012(平成《へいせい》24)年《ねん》には山中伸弥《やまなかしんや》教授《きょうじゅ》がiPS《アイピーエス》細胞《さいぼう》の研究《けんきゅう》でノーベル医学《いがく》・生理学賞《せいりがくしょう》を受賞《じゅしょう》しました。
iPS《アイピーエス》細胞《さいぼう》は再生医療《さいせいいりょう》や薬《くすり》に応用《おうよう》できます。
山中教授にノーベル賞
医学 生理学
iPS細胞開

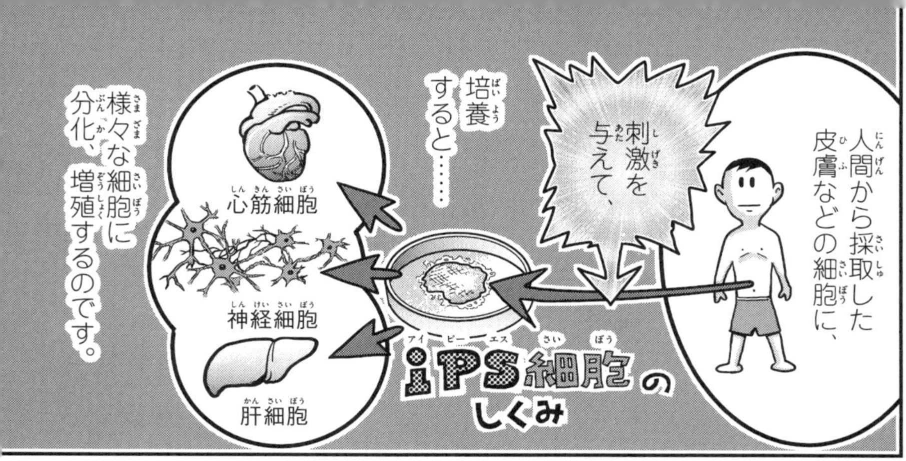
人間《にんげん》から採取《さいしゅ》した皮膚《ひふ》などの細胞《さいぼう》に、
刺激《しげき》を与《あた》えて、
培養《ばいよう》すると……
iPS《アイピーエス》細胞《さいぼう》のしくみ
心筋細胞《しんきんさいぼう》
神経細胞《しんけいさいぼう》
肝細胞《かんさいぼう》
様々《さまざま》な細胞《さいぼう》に分化《ぶんか》、増殖《ぞうしょく》するのです。

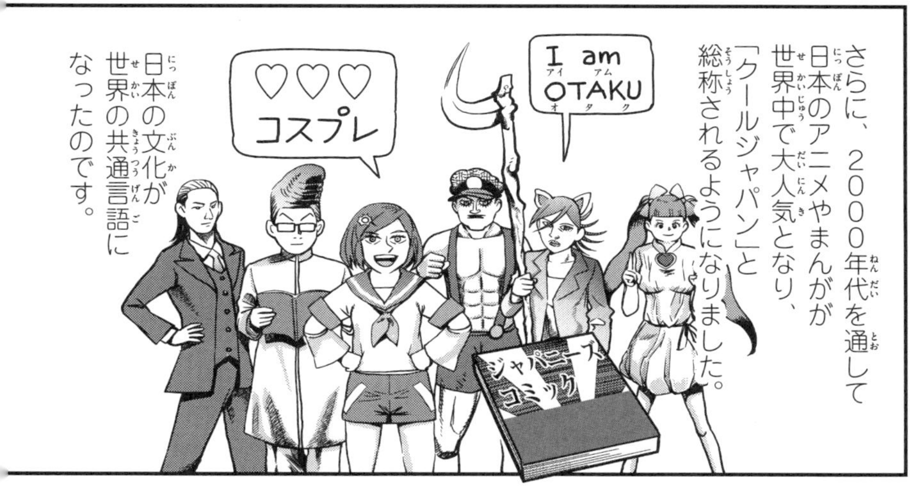
さらに、2000年代《ねんだい》を通《とお》して日本《にっぽん》のアニメやまんがが世界中《せかいじゅう》で大人気《だいにんき》となり、「クールジャパン」と総称《そうしょう》されるようになりました。
I am《アイ アム》 OTAKU《オタク》
♡♡♡ コスプレ
ジャパニーズコミック
日本《にっぽん》の文化《ぶんか》が世界《せかい》の共通言語《きょうつうげんご》になったのです。

こうした明《あか》るいニュースもある中《なか》、日本《にっぽん》も対岸《たいがん》の火事《かじ》とは言《い》っていられない問題《もんだい》が、
世界《せかい》のあちこちで起《お》こっていました。

＊アラブの春《はる》…中東《ちゅうとう》の各国《かっこく》で起《お》きた民主化運動《みんしゅかうんどう》のこと。

④
12月《がつ》には北朝鮮《きたちょうせん》の
金正日《キムジョンイル》が亡《な》くなり、
金正恩《キムジョンウン》が最高指導者《さいこうしどうしゃ》に
なりました。
金正恩《キムジョンウン》
ロシア
チュニジア
①
⑤ シリア
② アフガニスタン
③ リビア
⑥ 中国
ドーン
⑤
翌《よく》2012年《ねん》には
シリアが内戦状態《ないせんじょうたい》に
陥《おちい》ります。
⑥
11月《がつ》には中国《ちゅうごく》で
習近平《しゅうきんぺい》が総書記《そうしょき》に
就任《しゅうにん》しました。
習近平《しゅうきんぺい》

そして2014年《ねん》、「イスラム国《こく》」と名乗《なの》る武装勢力《ぶそうせいりょく》が、国家樹立《こっかじゅりつ》を宣言《せんげん》します。
当時《とうじ》イスラム国《こく》が主張《しゅちょう》した支配地域《しはいちいき》
アレッポ
地中海《ちちゅうかい》
シリア
ダマスカス
IS
バグダッド
イラク
テロリスト
過激派《かげきは》
2003年《ねん》のアメリカによるイラク攻撃《こうげき》後、内戦状態《ないせんじょうたい》にあったイラクに、周《まわ》りの過激派組織《かげきはそしき》や、テロリスト集団《しゅうだん》が集《あつ》まってきたのです。
アラーの御心《みこころ》のままに。

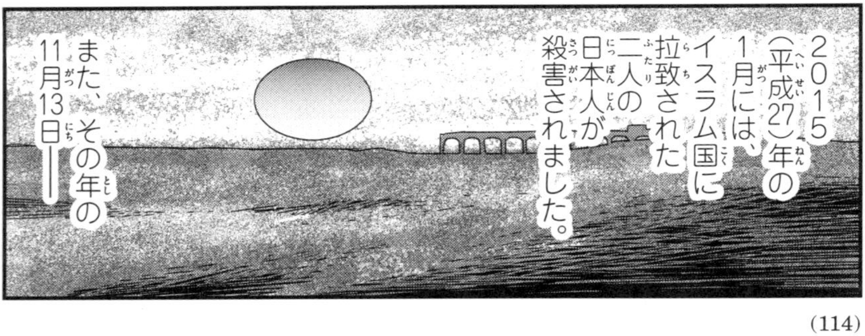
2015(平成《へいせい》27)年《ねん》の1月《がつ》には、イスラム国《こく》に拉致《らち》された二人《ふたり》の日本人《にっぽんじん》が殺害《さつがい》されました。
また、その年《とし》の11月《がつ》13日《にち》——

フランスのパリで同時多発《どうじたはつ》テロが発生《はっせい》、130人以上《にんいじょう》の死者《ししゃ》と350人以上《にんいじょう》の負傷者《ふしょうしゃ》を出《だ》したのです。
＊安保関連法案…安倍政権が国会に提出した「国際平和支援法」（新法）及び「平和安全法制整備法」（10の改正法を束ねたもの）のこと。
そんな中《なか》、日本《にっぽん》では——
＊安保関連法案《あんぼかんれんほうあん》をめぐり、さまざまな論争《ろんそう》がわきおこりました。
安保関連法案《あんぼかんれんほうあん》
新法《しんぽう》
10の改正法《かいせいほう》をまとめて「平和《へいわ》安全法制整備法《あんぜんほうせいせいびほう》」という
改正法《かいせいほう》
特定公共施設利用法《とくていこうきょうしせつりようほう》
重要影響事態安全確保法《じゅうようえいきょうじたいあんぜんかくほほう》
国際平和支援法《こくさいへいわしえんほう》
海上輸送規制法《かいじょうゆそうきせいほう》
船舶検査活動法《せんぱくけんさかつどうほう》
自衛隊法《じえいたいほう》
捕虜取扱い法《ほりょとりあつかいほう》
武力攻撃事態対処法《ぶりょくこうげきじたいたいしょほう》
国家安全保障会議設置法《こっかあんぜんほしょうかいぎせっちほう》
米軍等行動関連措置法《べいぐんとうこうどうかんれんそちほう》
ＰＫＯ協力法《ピーケーオーきょうりょくほう》
集団的自衛権《しゅうだんてきじえいけん》なんかいらない！
安保法NO！
憲法《けんぽう》9条《じょう》を守《まも》れ！
9条こわすな！
この法案《ほうあん》によって、日本《にっぽん》も戦争《せんそう》に参加《さんか》することが可能《かのう》になると思《おも》われ、反対《はんたい》のデモが行《おこな》われます。

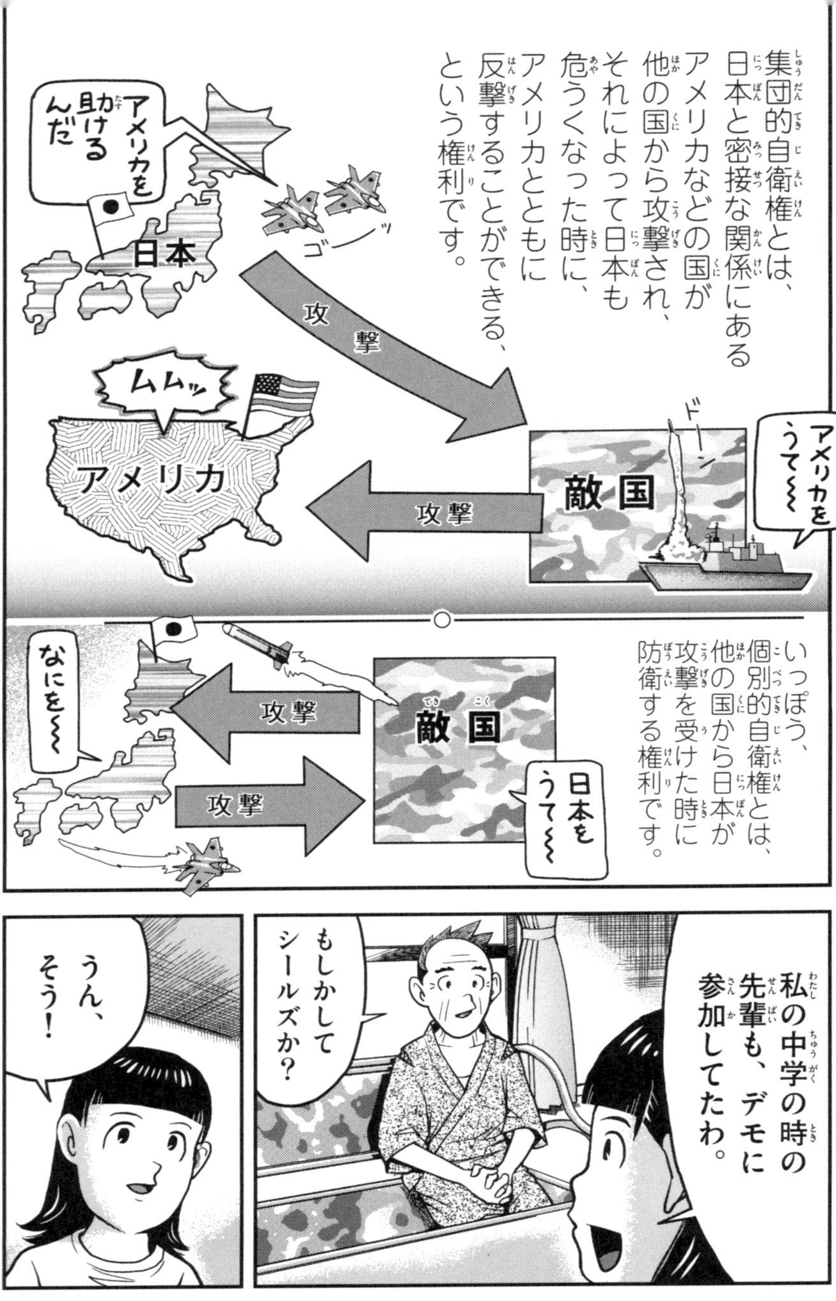
集団的自衛権《しゅうだんてきじえいけん》とは、日本《にっぽん》と密接《みっせつ》な関係《かんけい》にあるアメリカなどの国が他《ほか》の国《くに》から攻撃《こうげき》され、それによって日本《にっぽん》も危《あや》うくなった時《とき》に、アメリカとともに反撃《はんげき》することができる、という権利《けんり》です。
アメリカをうて〜〜
ドーン
敵国
攻撃
ゴーッ
アメリカを助《たす》けるんだ
日本
ムムッ
アメリカ
攻撃
いっぽう、個別的自衛権《こべつてきじえいけん》とは、他《ほか》の国《くに》から日本《にっぽん》が攻撃《こうげき》を受《う》けた時《とき》に防衛《ぼうえい》する権利《けんり》です。
日本をうて〜〜
敵国《てきこく》
攻撃
攻撃
なにを〜〜
私《わたし》の中学《ちゅうがく》の時《とき》の先輩《せんぱい》も、デモに参加《さんか》してたわ。
もしかしてシールズか？
うん、そう！

シールズとは2015(平成《へいせい》27)年《ねん》5月《がつ》に結成《けっせい》された、「自由《じゆう》と民主主義《みんしゅしゅぎ》のための学生緊急行動《がくせいきんきゅうこうどう》」という学生《がくせい》の団体《だんたい》です。

日本《にっぽん》がアメリカに味方《みかた》することで、違《ちが》う国《くに》やテロ集団《しゅうだん》からうらまれて、
しまいには戦争《せんそう》に……なんてことも起《お》こりえるだろう。

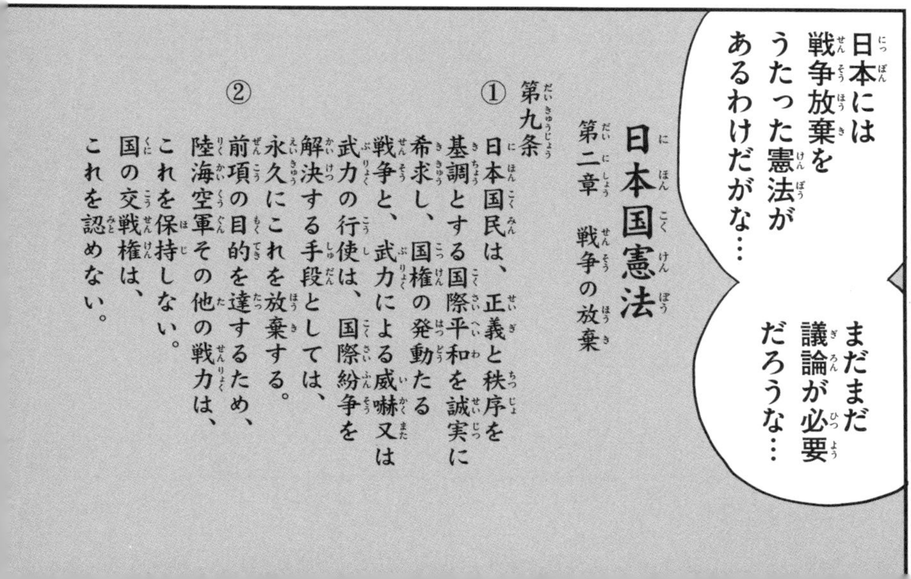
日本《にっぽん》には戦争放棄《せんそうほうき》をうたった憲法《けんぽう》があるわけだがな…
まだまだ議論《ぎろん》が必要《ひつよう》だろうな…
日本国憲法《にほんこくけんぽう》
第二章《だいにしょう》 戦争《せんそう》の放棄《ほうき》
第九条《だいきゅうじょう》
① 日本国民《にほんこくみん》は、正義《せいぎ》と秩序《ちつじょ》を基調《きちょう》とする国際平和《こくさいへいわ》を誠実《せいじつ》に希求《ききゅう》し、国権《こっけん》の発動《はつどう》たる戦争《せんそう》と、武力《ぶりょく》による威嚇《いかく》又《また》は武力《ぶりょく》の行使《こうし》は、国際紛争《こくさいふんそう》を解決《かいけつ》する手段《しゅだん》としては、永久《えいきゅう》にこれを放棄《ほうき》する。
② 前項《ぜんこう》の目的《もくてき》を達《たっ》するため、陸海空軍《りくかいくうぐん》その他《た》の戦力《せんりょく》は、これを保持《ほじ》しない。国《くに》の交戦権《こうせんけん》は、これを認《みと》めない。

2016(平成《へいせい》28)年《ねん》、マイナンバー制度《せいど》がスタートします。
マイナンバーとは、国民《こくみん》一人《ひとり》一人《ひとり》が持《も》つ12けたの番号《ばんごう》で、それにより、社会《しゃかい》保障《ほしょう》や税《ぜい》や災害《さいがい》対策《たいさく》などの行政《ぎょうせい》事務《じむ》を効果的《こうかてき》に進《すす》めることを目的《もくてき》とした制度《せいど》でした。
○×町役場
市区町村《しくちょうそん》
ハローワーク
年金《ねんきん》
健康保険《けんこうほけん》
税務署
税金《ぜいきん》
一人《ひとり》に一《ひと》つだよ。
No.?
国民《こくみん》一人《ひとり》一人《ひとり》が公正《こうせい》、公平《こうへい》に行政《ぎょうせい》サービスを受《う》けられることもねらいの一《ひと》つでした。

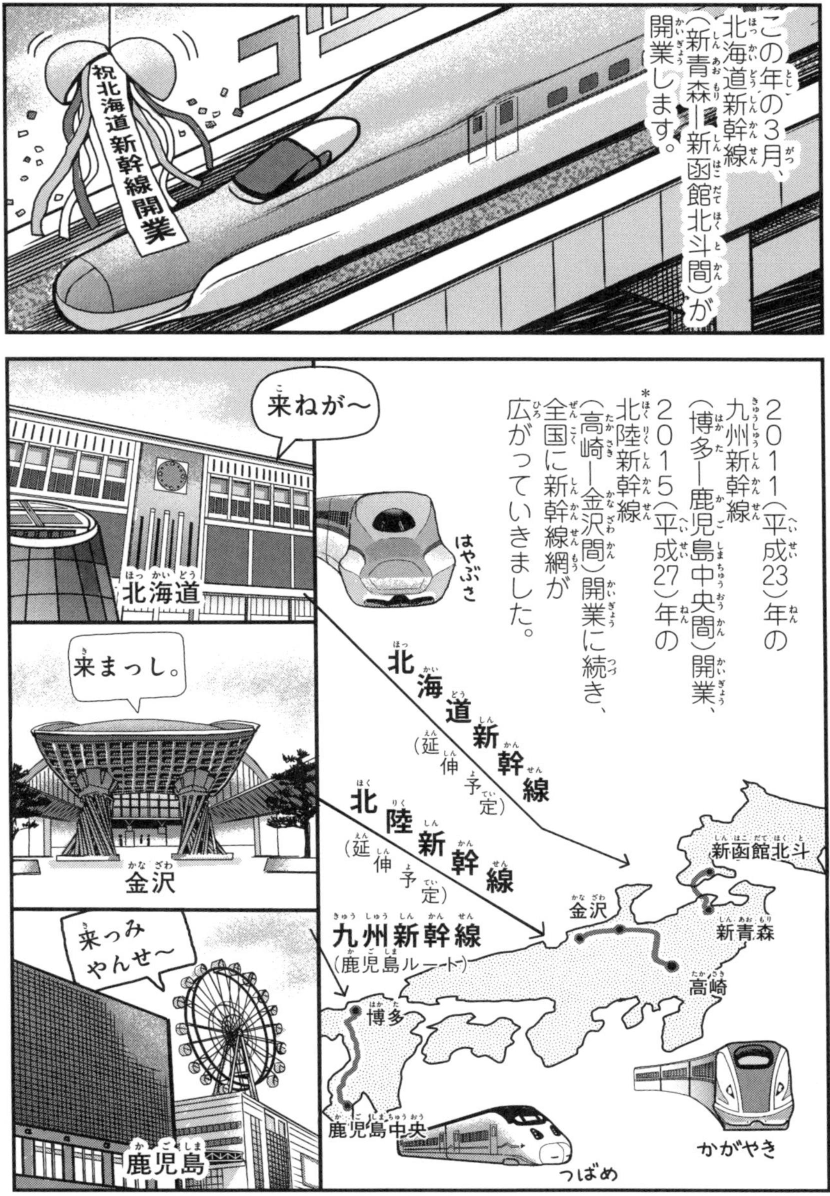
この年《とし》の3月《がつ》、北海道新幹線《ほっかいどうしんかんせん》（新青森《しんあおもり》―新函館北斗間《しんはこだてほくとかん》）が開業《かいぎょう》します。
祝北海道新幹線開業
2011（平成《へいせい》23）年《ねん》の九州新幹線《きゅうしゅうしんかんせん》（博多《はかた》―鹿児島中央間《かごしまちゅうおうかん》）開業《かいぎょう》、2015（平成《へいせい》27）年《ねん》の＊北陸新幹線《ほくりくしんかんせん》（高崎《たかさき》―金沢間《かなざわかん》）開業《かいぎょう》に続《つづ》き、全国《ぜんこく》に新幹線網《しんかんせんもう》が広《ひろ》がっていきました。
来《こ》ねが～
北海道《ほっかいどう》
はやぶさ
来《き》まっし。
金沢《かなざわ》
来《き》っみやんせ～
鹿児島《かごしま》
北海道新幹線《ほっかいどうしんかんせん》（延伸予定《えんしんよてい》）
北陸新幹線《ほくりくしんかんせん》（延伸予定《えんしんよてい》）
九州新幹線《きゅうしゅうしんかんせん》（鹿児島《かごしま》ルート）
新函館北斗《しんはこだてほくと》
金沢《かなざわ》
新青森《しんあおもり》
高崎《たかさき》
博多《はかた》
鹿児島中央《かごしまちゅうおう》
かがやき
つばめ

＊北陸新幹線《ほくりくしんかんせん》…北陸新幹線《ほくりくしんかんせん》の高崎《たかさき》―長野間《ながのかん》は1997（平成《へいせい》9）年《ねん》に開業《かいぎょう》しており、2015（平成《へいせい》27）年《ねん》に長野《ながの》―金沢間《かなざわかん》が開業《かいぎょう》した。

6月《がつ》19日《にち》には選挙権年齢《せんきょけんねんれい》が20歳《さい》から18歳《さい》に引《ひ》き下《さ》げられました。
20さい
18さい
ボクたちわたしたちも!!
美佳《みか》も10月《がつ》の誕生日《たんじょうび》が来《き》たら選挙権《せんきょけん》が与《あた》えられるんだな。
どう思《おも》う？
うん、
ちょっとドキドキする。
選挙《せんきょ》は絶対《ぜったい》に行《い》くんじゃぞ。
自分自身《じぶんじしん》の生活《せいかつ》、ひいては人生《じんせい》に関《かか》わることだからの。
うん。でもせっかくの休日《きゅうじつ》にわざわざ行《い》くのもめんどくさいような……
カラ
期日前投票《きじつまえとうひょう》ってのがある！
はーい。

2016（平成《へいせい》28）年《ねん》5月《がつ》27日《にち》、広島《ひろしま》——
この日《ひ》、アメリカのオバマ大統領《だいとうりょう》が、現職大統領《げんしょくだいとうりょう》としてはじめて、広島《ひろしま》を訪問《ほうもん》しました。
1945（昭和《しょうわ》20）年《ねん》8月《がつ》に、広島《ひろしま》に原爆《げんばく》が落《お》とされてから、70年以上《ねんいじょう》の時間《じかん》が経《た》っていました。
T.H.Barack Obama
President of the United States of Ameri

実《じつ》は1945年《ねん》当時《とうじ》、広島《ひろしま》で捕虜《ほりょ》になっていたアメリカ兵《へい》がいました。
広島城《ひろしまじょう》
そのうち12名《めい》が、原爆《げんばく》により命《いのち》を落《お》としていたのです。
1945年《ねん》8月《がつ》6日《か》
午前《ごぜん》8時《じ》15分《ふん》
後《のち》にそれを知《し》った被曝者《ひばくしゃ》の一人《ひとり》・森重昭《もりしげあき》さんは、亡《な》くなったアメリカ兵《へい》一人一人《ひとりひとり》を調《しら》べだして、アメリカの家族《かぞく》に伝《つた》える活動《かつどう》を続《つづ》けていたのです。
8月《がつ》6日《か》に何《なに》があったか絶対《ぜったい》見《み》つけだすんじゃ。
My name is Mori ………

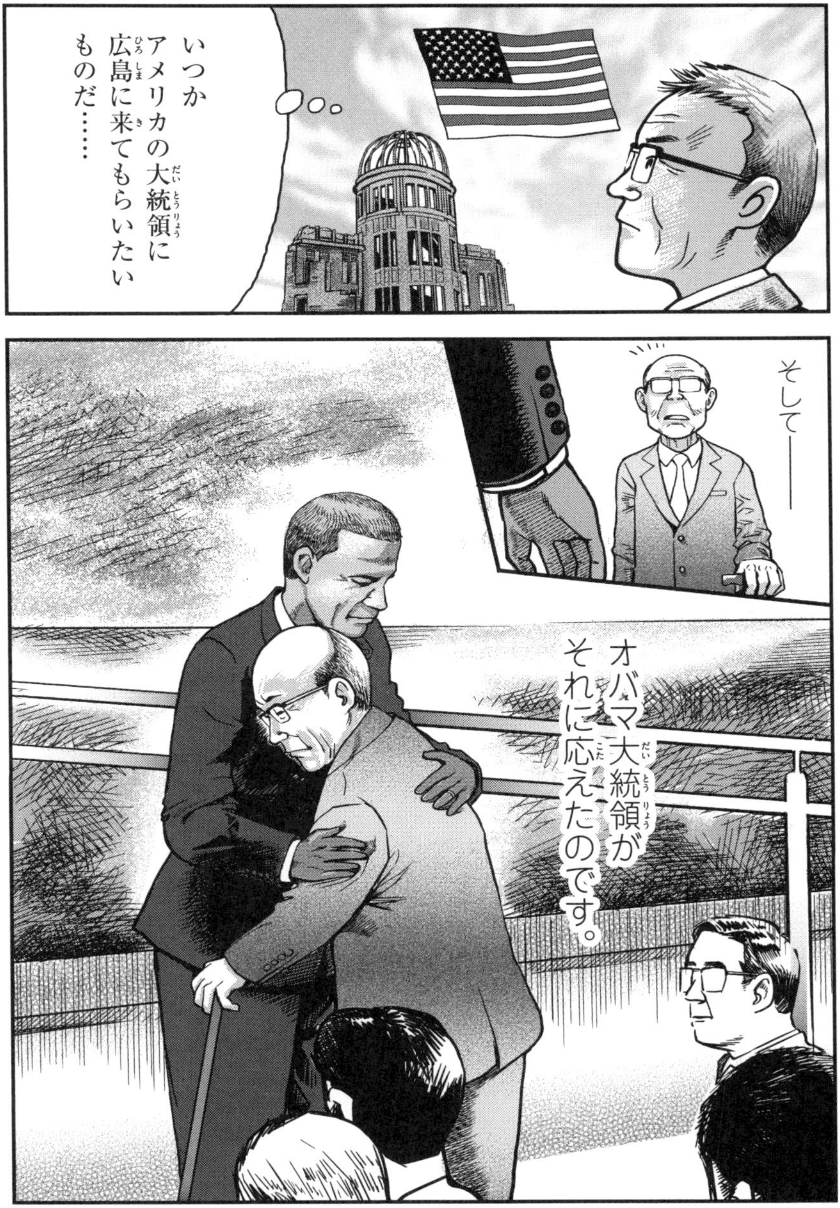
いつか
アメリカの大統領《だいとうりょう》に
広島《ひろしま》に来《き》てもらいたい
ものだ……
そして――
オバマ大統領《だいとうりょう》が
それに応《こた》えたのです。

2009年《ねん》にチェコのプラハで核兵器廃絶《かくへいきはいぜつ》のためのスピーチをして、ノーベル平和賞《へいわしょう》を受《う》けたオバマ大統領《だいとうりょう》。
核《かく》はなくせます。
彼《かれ》の任期《にんき》が切《き》れた後《あと》、アメリカは次期大統領《じきだいとうりょう》に実業家《じつぎょうか》のドナルド・トランプを選《えら》びました。
アメリカファースト!!
イチバーン
しかし彼《かれ》は、オバマ大統領《だいとうりょう》が整《ととの》えてきた政策《せいさく》をとりやめようとします。
NO!

＊オバマケア…オバマ大統領《だいとうりょう》が推進《すいしん》した、公的医療《こうてきいりょう》に関《かん》する改革《かいかく》のこと。

＊TPP《ティーピーピー》…環太平洋《かんたいへいよう》パートナーシップ協定《きょうてい》。日本《にっぽん》やアメリカなど、太平洋《たいへいよう》を取《と》り巻《ま》く国々《くにぐに》による、経済《けいざい》で手《て》を取《と》り合《あ》おうという協定《きょうてい》。

＊パリ協定《きょうてい》…2015年《ねん》に採択《さいたく》された、地球温暖化防止《ちきゅうおんだんかぼうし》に関《かん》する国際条約《こくさいじょうやく》。

＊TPP《ティーピーピー》からの離脱《りだつ》
＊オバマケア撤廃《てっぱい》
＊パリ協定《きょうてい》からの離脱《りだつ》
世界平和《せかいへいわ》を求《もと》める声《こえ》が多《おお》い中《なか》、大国《たいこく》アメリカの行方《ゆくえ》が注目《ちゅうもく》されています。
シャァァァ
今日《きょう》は平成《へいせい》の話《はなし》ばかりしてしまったな、美佳《みか》ちゃん。

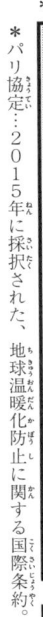

いいじゃん、おもしろかったよ。結構《けっこう》
こうしてみると、平成《へいせい》って不思議《ふしぎ》な時代《じだい》だったのかな。
どうして？
バブルがはじけて、その後処理《あとしょり》ばかりさせられていたような気《き》がするよ。
ふうん。
平成《へいせい》で日本《にっぽん》の「平和《へいわ》」は「成《な》」ったのかな。
さあな。
それは何《なん》とも言《い》えんな。

＊失われた10年…バブル崩壊後、10年（あるいは20年）にわたって経済の停滞が続いたこと。

でもな、美佳《みか》、
時代《じだい》を生《い》きていくのは自分《じぶん》なんだよ。
え？どういうこと？
阪神《はんしん》・淡路大震災《あわじだいしんさい》の時《とき》も、東日本大震災《ひがしにほんだいしんさい》の時《とき》も、日本《にっぽん》は立《た》ち直《なお》っていっただろ。
がんばろうKOBE
がんばろう東北
がんばろうKOBE
うん。
日本人《にっぽんじん》っていうのはこんな島国《しまぐに》でよくやってきたと思《おも》わないか？
うん、確《たし》かにそう思《おも》うよ。

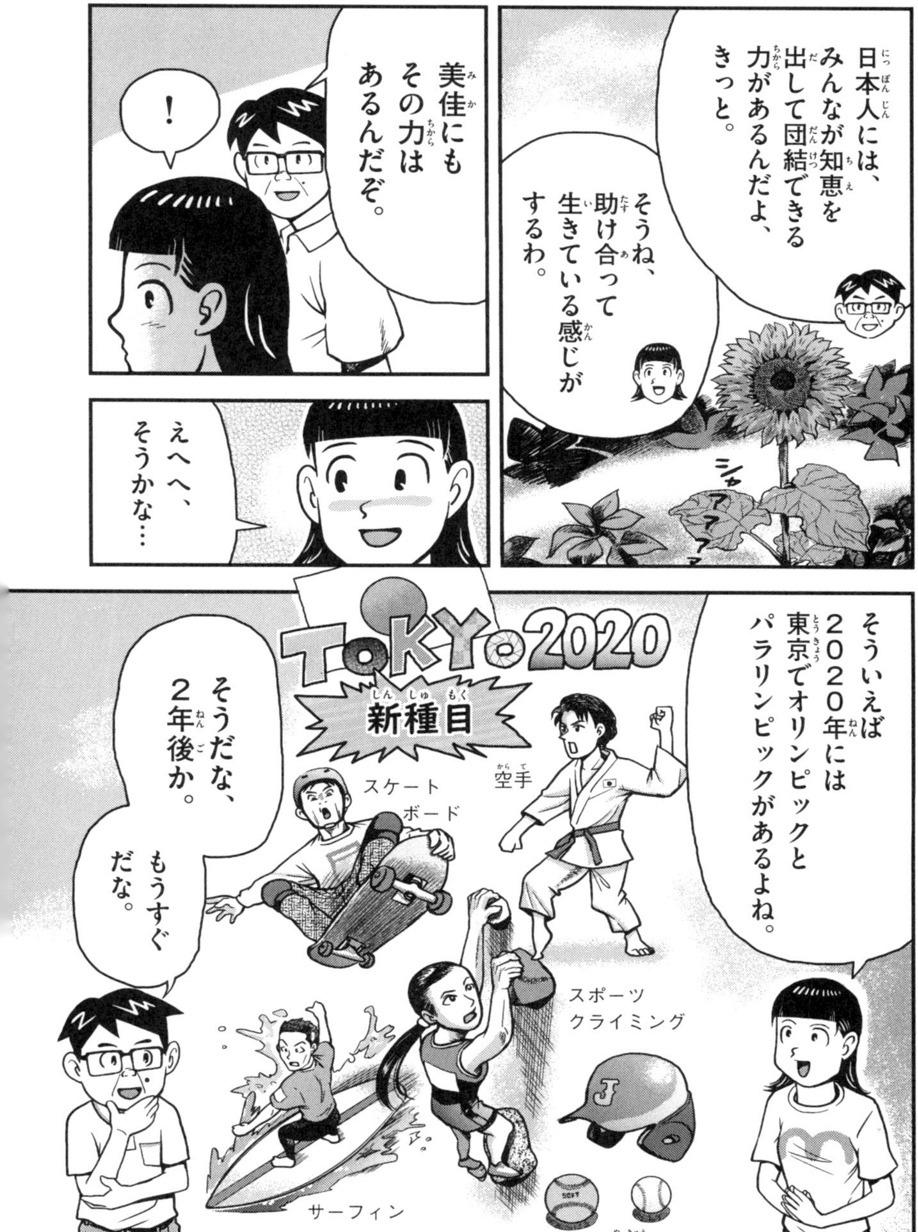
日本人《にっぽんじん》には、みんなが知恵《ちえ》を出《だ》して団結《だんけつ》できる力《ちから》があるんだよ、きっと。
そうね、助《たす》け合《あ》って生《い》きている感《かん》じがするわ。
シャアアア
美佳《みか》にもその力《ちから》はあるんだぞ。
！
えへへ、そうかな…
そういえば2020年《ねん》には東京《とうきょう》でオリンピックとパラリンピックがあるよね。
TOKYO2020
新種目《しんしゅもく》
空手《からて》
スケートボード
スポーツクライミング
野球《やきゅう》・ソフトボール
サーフィン
そうだな、2年《ねん》後《ご》か。
もうすぐだな。

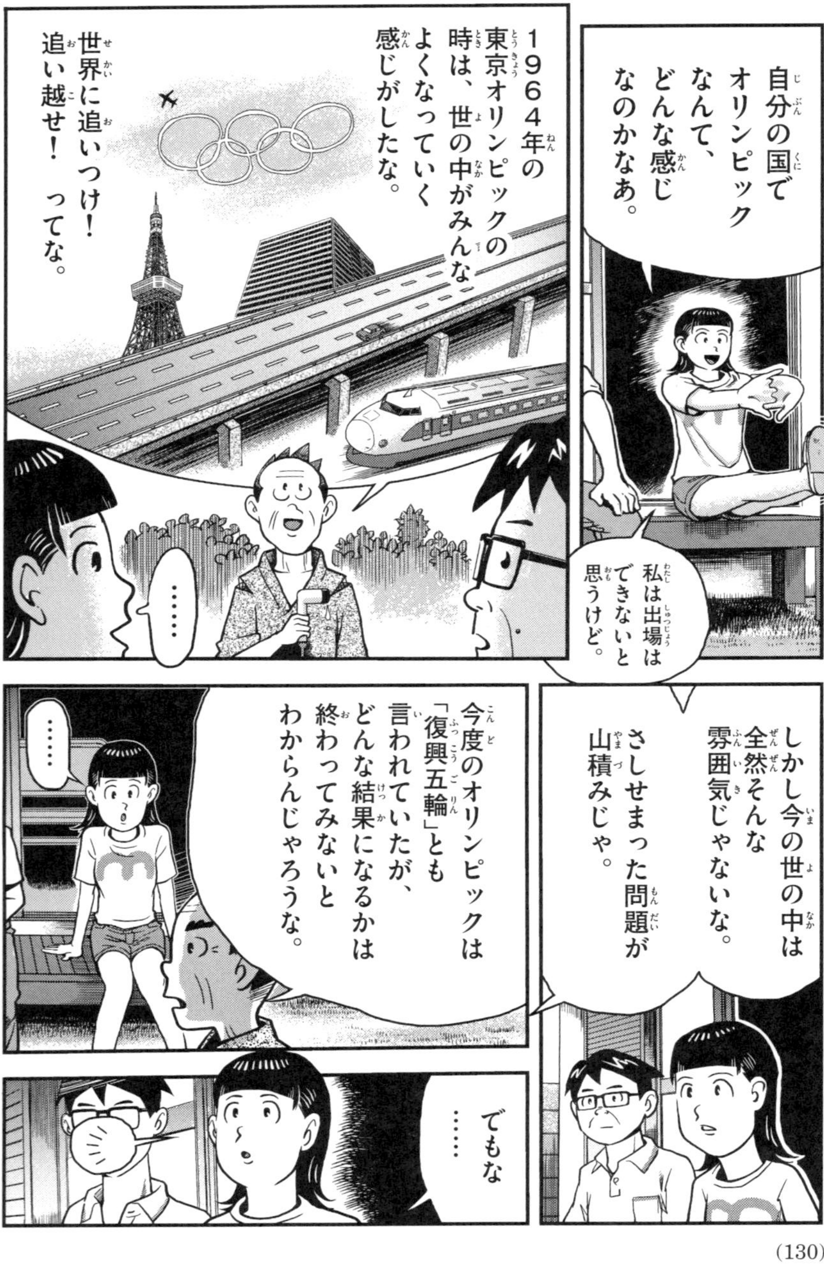

自分《じぶん》の国《くに》でオリンピックなんて、どんな感《かん》じなのかなあ。
私《わたし》は出場《しゅつじょう》はできないと思《おも》うけど。
1964年《ねん》の東京《とうきょう》オリンピックの時《とき》は、世《よ》の中《なか》がみんなよくなっていく感《かん》じがしたな。
世界《せかい》に追《お》いつけ！追《お》い越《こ》せ！ってな。
……
しかし今《いま》の世《よ》の中《なか》は全然《ぜんぜん》そんな雰囲気《ふんいき》じゃないな。
さしせまった問題《もんだい》が山積《やまづ》みじゃ。
今度《こんど》のオリンピックは「復興五輪《ふっこうごりん》」とも言《い》われていたが、どんな結果《けっか》になるかは終《お》わってみないとわからんじゃろうな。
……
でもな……

日本中《にっぽんじゅう》が一致団結《いっちだんけつ》するまたとない機会《きかい》であることは間違《まちが》いないぞ。
だよね!
私《わたし》、オリンピックのボランティアに応募《おうぼ》してみようかな。
いいじゃないか。
そういう気持《きも》ちでいれば、何《なに》か大《おお》きな問題《もんだい》に直面《ちょくめん》したとしても、きっと大丈夫《だいじょうぶ》だと思《おも》うぞ。
うん!
来年《らいねん》、元号《げんごう》がどうなるのかはわからんし、未来《みらい》のことなんてだれもわからん。
新《あたら》しい元号《げんごう》は…
?
パシャ
パシャ
パシャ
しかしな、その未来《みらい》をつくっていけるのは自分《じぶん》なんじゃ。

……
そうだよね。

元号一覧

平成までの日本の元号247を紹介します。（北）は北朝、（南）は南朝が使用した元号です。元号がなかった期間は「—」で示しました。元号の読み方は複数あるものもあるため割愛しました。（参考資料・吉川弘文館 歴史手帳）

645 ～ 650	大化
650 ～ 654	白雉
654 ～ 686	—
686	朱鳥
686 ～ 701	—
701 ～ 704	大宝
704 ～ 708	慶雲
708 ～ 715	和銅
715 ～ 717	霊亀
717 ～ 724	養老
724 ～ 729	神亀
729 ～ 749	天平
749	天平感宝
749 ～ 757	天平勝宝
757 ～ 765	天平宝字
765 ～ 767	天平神護
767 ～ 770	神護景雲
770 ～ 781	宝亀
781 ～ 782	天応
782 ～ 806	延暦
806 ～ 810	大同
810 ～ 824	弘仁
824 ～ 834	天長
834 ～ 848	承和
848 ～ 851	嘉祥
851 ～ 854	仁寿
854 ～ 857	斉衡
857 ～ 859	天安
859 ～ 877	貞観
877 ～ 885	元慶
885 ～ 889	仁和
889 ～ 898	寛平
898 ～ 901	昌泰
901 ～ 923	延喜
923 ～ 931	延長
931 ～ 938	承平
938 ～ 947	天慶
947 ～ 957	天暦
957 ～ 961	天徳
961 ～ 964	応和
964 ～ 968	康保
968 ～ 970	安和
970 ～ 973	天禄
973 ～ 976	天延
976 ～ 978	貞元
978 ～ 983	天元
983 ～ 985	永観
985 ～ 987	寛和
987 ～ 989	永延
989 ～ 990	永祚
990 ～ 995	正暦
995 ～ 999	長徳
999 ～ 1004	長保
1004 ～ 1012	寛弘
1012 ～ 1017	長和
1017 ～ 1021	寛仁
1021 ～ 1024	治安
1024 ～ 1028	万寿
1028 ～ 1037	長元
1037 ～ 1040	長暦
1040 ～ 1044	長久
1044 ～ 1046	寛徳
1046 ～ 1053	永承
1053 ～ 1058	天喜
1058 ～ 1065	康平
1065 ～ 1069	治暦
1069 ～ 1074	延久
1074 ～ 1077	承保
1077 ～ 1081	承暦
1081 ～ 1084	永保
1084 ～ 1087	応徳
1087 ～ 1094	寛治

1094 ～ 1096　嘉保
1096 ～ 1097　永長
1097 ～ 1099　承徳
1099 ～ 1104　康和
1104 ～ 1106　長治
1106 ～ 1108　嘉承
1108 ～ 1110　天仁
1110 ～ 1113　天永
1113 ～ 1118　永久
1118 ～ 1120　元永
1120 ～ 1124　保安
1124 ～ 1126　天治
1126 ～ 1131　大治
1131 ～ 1132　天承
1132 ～ 1135　長承
1135 ～ 1141　保延
1141 ～ 1142　永治
1142 ～ 1144　康治
1144 ～ 1145　天養
1145 ～ 1151　久安
1151 ～ 1154　仁平
1154 ～ 1156　久寿
1156 ～ 1159　保元
1159 ～ 1160　平治
1160 ～ 1161　永暦
1161 ～ 1163　応保
1163 ～ 1165　長寛
1165 ～ 1166　永万
1166 ～ 1169　仁安
1169 ～ 1171　嘉応
1171 ～ 1175　承安
1175 ～ 1177　安元
1177 ～ 1181　治承
1181 ～ 1182　養和
1182 ～ 1184　寿永
1184 ～ 1185　元暦
1185 ～ 1190　文治
1190 ～ 1199　建久
1199 ～ 1201　正治
1201 ～ 1204　建仁
1204 ～ 1206　元久
1206 ～ 1207　建永
1207 ～ 1211　承元
1211 ～ 1213　建暦
1213 ～ 1219　建保
1219 ～ 1222　承久
1222 ～ 1224　貞応
1224 ～ 1225　元仁
1225 ～ 1227　嘉禄
1227 ～ 1229　安貞
1229 ～ 1232　寛喜
1232 ～ 1233　貞永
1233 ～ 1234　天福
1234 ～ 1235　文暦
1235 ～ 1238　嘉禎
1238 ～ 1239　暦仁
1239 ～ 1240　延応
1240 ～ 1243　仁治
1243 ～ 1247　寛元
1247 ～ 1249　宝治
1249 ～ 1256　建長
1256 ～ 1257　康元
1257 ～ 1259　正嘉
1259 ～ 1260　正元
1260 ～ 1261　文応
1261 ～ 1264　弘長
1264 ～ 1275　文永
1275 ～ 1278　建治
1278 ～ 1288　弘安
1288 ～ 1293　正応
1293 ～ 1299　永仁
1299 ～ 1302　正安
1302 ～ 1303　乾元
1303 ～ 1306　嘉元
1306 ～ 1308　徳治
1308 ～ 1311　延慶
1311 ～ 1312　応長
1312 ～ 1317　正和
1317 ～ 1319　文保
1319 ～ 1321　元応
1321 ～ 1324　元亨
1324 ～ 1326　正中
1326 ～ 1329　嘉暦
1329 ～ 1331　元徳（南）
1329 ～ 1332　元徳（北）
1331 ～ 1334　元弘（南）
1332 ～ 1334　正慶（北）
1334 ～ 1336　建武（南）
1334 ～ 1338　建武（北）
1336 ～ 1340　延元（南）

1681～1684	天和
1684～1688	貞享
1688～1704	元禄
1704～1711	宝永
1711～1716	正徳
1716～1736	享保
1736～1741	元文
1741～1744	寛保
1744～1748	延享
1748～1751	寛延
1751～1764	宝暦
1764～1772	明和
1772～1781	安永
1781～1789	天明
1789～1801	寛政
1801～1804	享和
1804～1818	文化
1818～1830	文政
1830～1844	天保
1844～1848	弘化
1848～1854	嘉永
1854～1860	安政
1860～1861	万延
1861～1864	文久
1864～1865	元治
1865～1868	慶応
1868～1912	明治
1912～1926	大正
1926～1989	昭和
1989～2019	平成

1452～1455	享徳
1455～1457	康正
1457～1460	長禄
1460～1466	寛正
1466～1467	文正
1467～1469	応仁
1469～1487	文明
1487～1489	長享
1489～1492	延徳
1492～1501	明応
1501～1504	文亀
1504～1521	永正
1521～1528	大永
1528～1532	享禄
1532～1555	天文
1555～1558	弘治
1558～1570	永禄
1570～1573	元亀
1573～1592	天正
1592～1596	文禄
1596～1615	慶長
1615～1624	元和
1624～1644	寛永
1644～1648	正保
1648～1652	慶安
1652～1655	承応
1655～1658	明暦
1658～1661	万治
1661～1673	寛文
1673～1681	延宝

1338～1342	暦応（北）
1340～1346	興国（南）
1342～1345	康永（北）
1345～1350	貞和（北）
1346～1370	正平（南）
1350～1352	観応（北）
1352～1356	文和（北）
1356～1361	延文（北）
1361～1362	康安（北）
1362～1368	貞治（北）
1368～1375	応安（北）
1370～1372	建徳（南）
1372～1375	文中（南）
1375～1381	天授（南）
1375～1379	永和（北）
1379～1381	康暦（北）
1381～1384	弘和（南）
1381～1384	永徳（北）
1384～1392	元中（南）
1384～1387	至徳（北）
1387～1389	嘉慶（北）
1389～1390	康応（北）
1390～1394	明徳（北）
1392～1394	明徳
1394～1428	応永
1428～1429	正長
1429～1441	永享
1441～1444	嘉吉
1444～1449	文安
1449～1452	宝徳

地図《ちず》でみよう

平成《へい》の自然《しぜん》災害《さいがい》

自然《しぜん》災害《さいがい》には、地震《じしん》、津波《つなみ》、竜巻《たつまき》、火山《かざん》の噴火《ふんか》、豪雨《ごうう》、豪雪《ごうせつ》など、さまざまな種類《しゅるい》があります。ここでは、平成《へいせい》に入《はい》ってから起《お》きた自然《しぜん》災害《さいがい》を見《み》てみましょう。

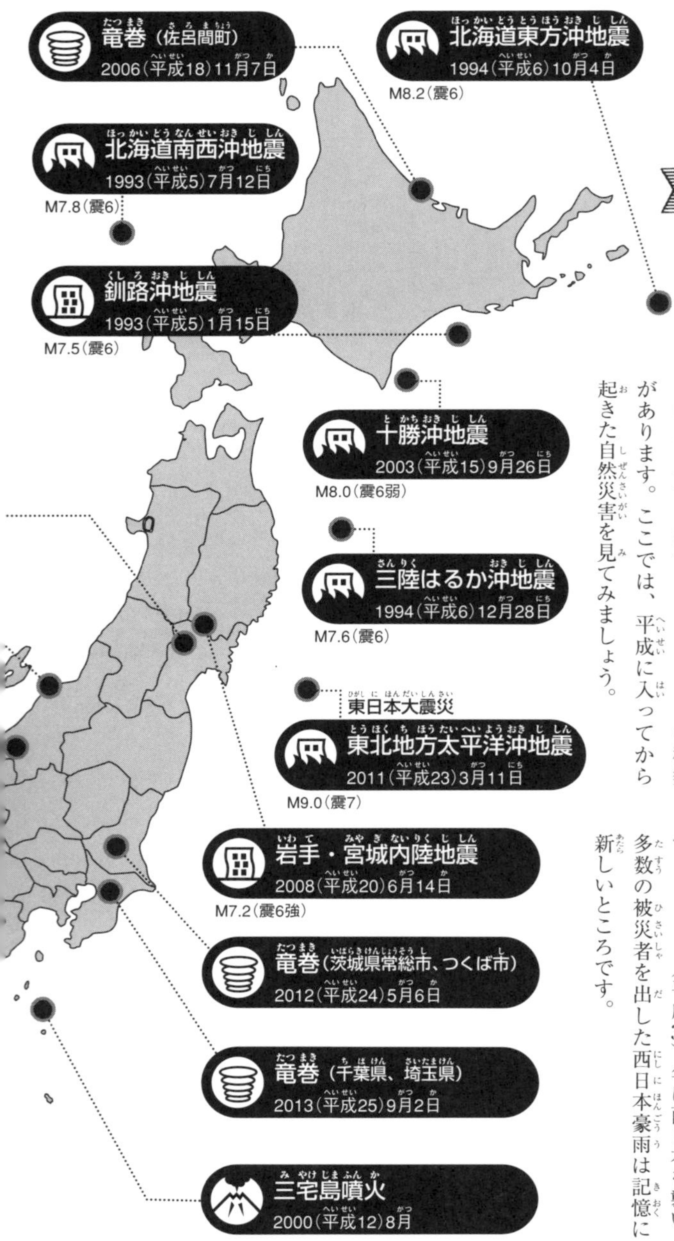

竜巻《たつまき》（佐呂間町《さろまちょう》）
2006（平成《へいせい》18）11月《がつ》7日《か》
北海道南西沖地震《ほっかいどうなんせいおきじしん》
1993（平成《へいせい》5）7月《がつ》12日《にち》
M7.8（震6）
釧路沖地震《くしろおきじしん》
1993（平成《へいせい》5）1月《がつ》15日《にち》
M7.5（震6）
北海道東方沖地震《ほっかいどうとうほうおきじしん》
1994（平成《へいせい》6）10月《がつ》4日《か》
M8.2（震6）
十勝沖地震《とかちおきじしん》
2003（平成《へいせい》15）9月《がつ》26日《にち》
M8.0（震6弱）
三陸《さんりく》はるか沖地震《おきじしん》
1994（平成《へいせい》6）12月《がつ》28日《にち》
M7.6（震6）
東日本大震災《ひがしにほんだいしんさい》
東北地方太平洋沖地震《とうほくちほうたいへいようおきじしん》
2011（平成《へいせい》23）3月《がつ》11日《にち》
M9.0（震7）
岩手《いわて》・宮城内陸地震《みやぎないりくじしん》
2008（平成《へいせい》20）6月《がつ》14日《か》
M7.2（震6強）
竜巻《たつまき》（茨城県常総市《いばらきけんじょうそうし》、つくば市《し》）
2012（平成《へいせい》24）5月《がつ》6日
竜巻《たつまき》（千葉県《ちばけん》、埼玉県《さいたまけん》）
2013（平成《へいせい》25）9月《がつ》2日《か》
三宅島噴火《みやけじまふんか》
2000（平成《へいせい》12）8月《がつ》

地図《ちず》ではふれませんでしたが、近年《きんねん》、巨《きょ》大台風《だいたいふう》や集中豪雨《しゅうちゅうごうう》（ゲリラ豪雨《ごうう》）、高温災害《こうおんさいがい》など、異常気象《いじょうきしょう》による被害《ひがい》が増《ふ》えています。これらは地球温暖化《ちきゅうおんだんか》が原因《げんいん》と言《い》われています。2018（平成《へいせい》30）年《ねん》に西日本《にしにほん》を襲《おそ》い、多数《たすう》の被災者《ひさいしゃ》を出《だ》した西日本豪雨《にしにほんごうう》は記憶《きおく》に新《あたら》しいところです。

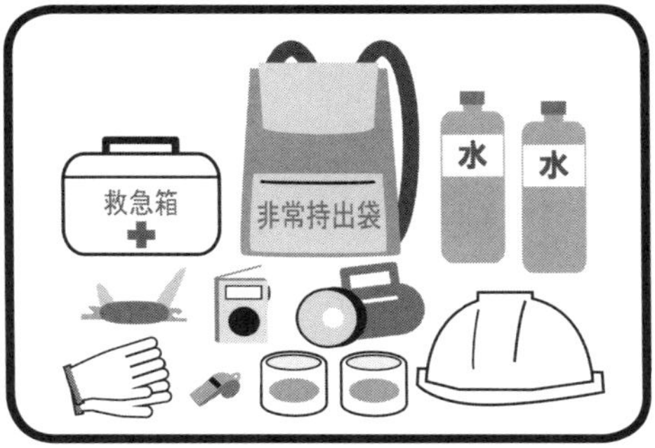

もしもの時《とき》に備《そな》えて、防災《ぼうさい》グッズを準備《じゅんび》しておこう。

熊本地震直後《くまもとじしんちょくご》の熊本城《くまもとじょう》。災害《さいがい》のつめあとがくっきりと残《のこ》っている。

地震《じしん》　地震《じしん》と津波《つなみ》　噴火《ふんか》　竜巻《たつまき》　M＝マグニチュード　震＝震度《しんど》

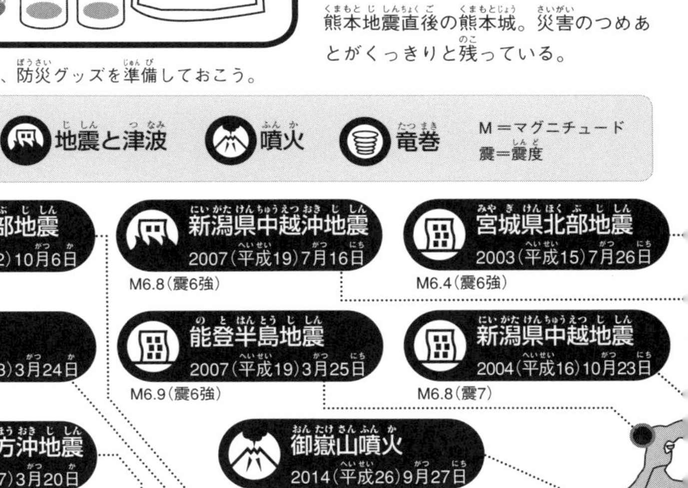

鳥取県西部地震《とっとりけんせいぶじしん》
2000（平成《へいせい》12）10月《がつ》6日《か》
M7.3（震6強）

新潟県中越沖地震《にいがたけんちゅうえつおきじしん》
2007（平成《へいせい》19）7月《がつ》16日《にち》
M6.8（震6強）

宮城県北部地震《みやぎけんほくぶじしん》
2003（平成《へいせい》15）7月《がつ》26日《にち》
M6.4（震6強）

芸予地震《げいよじしん》
2001（平成《へいせい》13）3月《がつ》24日《か》
M6.7（震6弱）

能登半島地震《のとはんとうじしん》
2007（平成《へいせい》19）3月《がつ》25日《にち》
M6.9（震6強）

新潟県中越地震《にいがたけんちゅうえつじしん》
2004（平成《へいせい》16）10月《がつ》23日《にち》
M6.8（震7）

福岡県西方沖地震《ふくおかけんせいほうおきじしん》
2005（平成《へいせい》17）3月《がつ》20日《か》
M7.0（震6弱）

御嶽山噴火《おんたけさんふんか》
2014（平成《へいせい》26）9月《がつ》27日《にち》

雲仙岳火砕流災害《うんぜんだけかさいりゅうさいがい》
1991（平成《へいせい》3）6月《がつ》3日《か》

熊本地震《くまもとじしん》
2016（平成《へいせい》28）4月《がつ》16日《にち》
M7.3（震7）＊14日《か》に前震《ぜんしん》があった。

阪神《はんしん》・淡路大震災《あわじだいしんさい》
兵庫県南部地震《ひょうごけんなんぶじしん》
1995（平成《へいせい》7）1月《がつ》17日《にち》
M7.3（震7）

新燃岳噴火《しんもえだけふんか》
2011（平成《へいせい》23）2月《がつ》1日《たち》

竜巻《たつまき》（宮崎県延岡市《みやざきけんのべおかし》）
2006（平成《へいせい》18）9月《がつ》17日《にち》

竜巻《たつまき》（愛知県豊橋市《あいちけんとよはしし》）
1999（平成《へいせい》11）9月《がつ》24日《か》

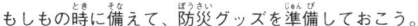

図解《ずかい》でみよう

再《さい》生《せい》可《か》能《のう》エネルギー

小《ちい》さな島国《しまぐに》である日本《にっぽん》は、資源《しげん》が少《すく》ないため、エネルギー問題《もんだい》を抱《かか》えています。石油《せきゆ》などの化石燃料《かせきねんりょう》を、ほとんど外国《がいこく》からの輸入《ゆにゅう》に頼《たよ》っており、2010（平成《へいせい》22）年《ねん》のエネルギー自給率《じきゅうりつ》は20・2%《パーセント》でした。

その後《ご》、2011（平成《へいせい》23）年《ねん》の東《ひがし》日本大震災《にほんだいしんさい》があり、2014（平成《へいせい》26）年《ねん》には自給率《じきゅうりつ》は6・4%《パーセント》にまで下《さ》がってしまいます。これは当時《とうじ》のOECD《オーイーシーディー》（経済協力開発機構《けいざいきょうりょくかいはつきこう》）加盟《かめい》34か国中《こくちゅう》33番目《ばんめ》という低《ひく》さでした。

そこで注目《ちゅうもく》されているのが「再生《さいせい》可能《かのう》エネルギー」です。それは、資《し》源《げん》が枯《か》れることなく、何度《なんど》でも使《つか》え、地球温暖化《ちきゅうおんだんか》の原因《げんいん》＝二酸化炭素《にさんかたんそ》をほとんど排出《はいしゅつ》しないという、エネルギーのことです（図1）。

2012（平成《へいせい》24）年《ねん》に政府《せいふ》は、再生可能《さいせいかのう》エネルギーの目標《もくひょう》を示《しめ》しました。それは2010（平成《へいせい》22）年《ねん》の再生可能《さいせいかのう》エネルギーによる発電《はつでん》電力量《でんりょくりょう》を、2030年《ねん》には3倍《ばい》にするというものでした。

しかし、再生可能《さいせいかのう》エネルギーは、自然条件《しぜんじょうけん》によるため、安定《あんてい》した電力《でんりょく》供給《きょうきゅう》を保《たも》つことが難《むずか》しく、また施設《しせつ》の建設費用《けんせつひよう》や発電費用《はつでんひよう》が高《たか》いこともあり、総発電量《そうはつでんりょう》に占《し》める割合《わりあい》は伸《の》び

図1

風力発電《ふうりょくはつでん》　風《かぜ》で回《まわ》した風車《ふうしゃ》の回転運動《かいてんうんどう》を発電機《はつでんき》に伝《つた》えて電気《でんき》を起《お》こす。
太陽光発電《たいようこうはつでん》　太陽《たいよう》の光《ひかり》が持《も》つエネルギーを、太陽電池《たいようでんち》で電気《でんき》に変《か》える。
水力発電《すいりょくはつでん》　川《かわ》の流《なが》れやダム、波《なみ》を利用《りよう》して電気《でんき》を起《お》こす。
バイオマス発電《はつでん》　木《き》くずや動物《どうぶつ》のふん尿《にょう》などを利用《りよう》して発《はつ》電《でん》する。
地熱発電《ちねつはつでん》　地下《ちか》の地熱《ちねつ》エネルギーを蒸気《じょうき》や熱水《ねっすい》の形《かたち》で取《と》り出《だ》し発電《はつでん》する。

悩《なや》んでいます。

政府《せいふ》は「固定価格買取制度《こていかかくかいとりせいど》」(図2)を導入《どうにゅう》して、再生可能《さいせいかのう》エネルギーの普及《ふきゅう》を目指《めざ》しています。その一方《いっぽう》で、メタンハイドレードや水素《すいそ》エネルギーなど、新《あら》たなエネルギーの研究《けんきゅう》・開発《かいはつ》も進《すす》められています。

2016(平成《へいせい》28)年《ねん》、日本《にっぽん》のエネルギー自給率《じきゅうりつ》は8・3%《パーセント》でした。まだ取《と》り組《く》むべき課題《かだい》は多《おお》そうですね。

*固定価格買取制度《こていかかくかいとりせいど》…再生可能《さいせいかのう》エネルギーを使《つか》って発電《はつでん》された電気《でんき》の買《か》い取《と》りを、電力会社《でんりょくがいしゃ》に義務《ぎむ》づける制度《せいど》。その際《さい》の買《か》い取《と》り費用《ひよう》は、家庭《かてい》や企業《きぎょう》の電気料金《でんきりょうきん》に上乗《うわの》せされるため、国民《こくみん》の負担《ふたん》がおさえられるような制度《せいど》の見直《みなお》しが求《もと》められている。

図2

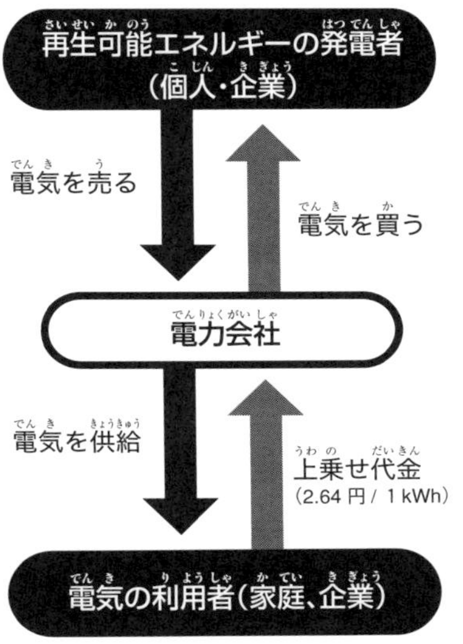

再生可能《さいせいかのう》エネルギーの発電者《はつでんしゃ》
(個人《こじん》・企業《きぎょう》)
電気《でんき》を売《う》る
電気《でんき》を買《か》う
電力会社《でんりょくがいしゃ》
電気《でんき》を供給《きょうきゅう》
上乗《うわの》せ代金《だいきん》
(2.64円/1kWh)
電気《でんき》の利用者《りようしゃ》(家庭《かてい》、企業《きぎょう》)

1kWh《キロワット時》あたり発電量《はつでんりょう》買《か》い取《と》り価格《かかく》

太陽光《たいようこう》	22.68～30.00円
風力《ふうりょく》	22.68～59.40円
水力《すいりょく》	21.60～36.72円
地熱《ちねつ》	28.08～43.20円
バイオマス	14.04～43.20円

*発電量《はつでんりょう》や条件《じょうけん》により異《こと》なる(2017年度《ねんど》)。

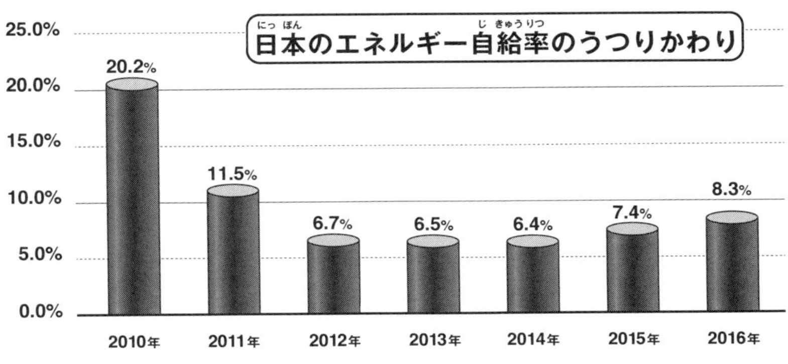

日本《にっぽん》のエネルギー自給率《じきゅうりつ》のうつりかわり
25.0%
20.0%
15.0%
10.0%
5.0%
0.0%
20.2%
11.5%
6.7%
6.5%
6.4%
7.4%
8.3%
2010年
2011年
2012年
2013年
2014年
2015年
2016年

参考《さんこう》:資源《しげん》エネルギー庁《ちょう》HP

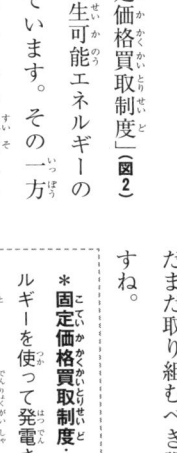

平《へい》成《せい》思《おも》い出《で》のスポット

漫画《まんが》の各章《かくしょう》に出《で》てきた、平成《へいせい》の思《おも》い出《で》の場所《ばしょ》をたずねてみましょう。

第《だい》1章《しょう》 ●皇居《こうきょ》

（東京都千代田区千代田《とうきょうとちよだくちよだ》。JR《ジェイアール》東京駅下車《とうきょうえきげしゃ》、徒歩約《とほやく》15分《ふん》。）

明治以降《めいじいこう》、天皇《てんのう》の住《す》まいとなった皇居《こうきょ》。皇居内《こうきょない》には、実際《じっさい》のご住居《じゅうきょ》である吹上御所《ふきあげごしょ》や、いろいろな行事《ぎょうじ》を行《おこな》う宮殿《きゅうでん》、宮内庁関《くないちょうかん》係《けい》の庁舎《ちょうしゃ》などがあります。

1989（昭和《しょうわ》64）年《ねん》1月《がつ》7日《か》、昭和天《しょうわてん》皇《のう》が吹上御所《ふきあげごしょ》にて崩御《ほうぎょ》します。87歳《さい》でした。同日《どうじつ》、新天皇《しんてんのう》が即位《そくい》し、時代《じだい》は平成《へいせい》となります。昭和天皇《しょうわてんのう》の死《し》を悼《いた》む人《ひと》びとが皇居《こうきょ》に記帳《きちょう》に訪《おとず》れ、その人数《にんずう》は1日《にち》で28万人近《まんにんちか》くにのぼったといわれています。

現在《げんざい》、皇居《こうきょ》の周辺《しゅうへん》は緑《みどり》と堀《ほり》で囲《かこ》まれ、千《ち》鳥《どり》ヶ淵公園《がふちこうえん》や北《きた》の丸公園《まるこうえん》が整備《せいび》され、ランニングを楽《たの》しむ人《ひと》や外国人観光客《がいこくじんかんこうきゃく》でにぎわっています。

▲空《そら》から見《み》た皇居《こうきょ》のすがた。

第《だい》2章《しょう》 ●長野市《ながのし》オリンピック記念《きねん》アリーナ エムウェーブ

（長野県長野市北長池《ながのけんながのしきたながいけ》。JR《ジェイアール》北陸新幹線長野《ほくりくしんかんせんながの》駅《えき》からバス15分《ふん》。）

1998（平成《へいせい》10）年《ねん》に行《おこな》われた、長野《ながの》オリンピック・パラリンピック。その開《かい》会式《かいしき》・閉会式《へいかいしき》とスピードスケート会場《かいじょう》です。清水宏保選手《しみずひろやすせんしゅ》が金《きん》メダルに輝《かがや》きました。2002（平成《へいせい》14）年《ねん》には、世界《せかい》フィギュアスケート選手権《せんしゅけん》が開催《かいさい》され、本田武史選《ほんだたけしせん》手《しゅ》と村主章枝選手《すぐりふみえせんしゅ》が銅《どう》メダルを獲得《かくとく》しています。

見《み》てわかる通《とお》り、建物《たてもの》の形《かたち》がアルファベットのM《エム》の波《なみ》のように見《み》えるために、「エムウェーブ（M《エム》の波《なみ》）」という愛称《あいしょう》がつけ

▲「M《エム》」の文字《もじ》に見《み》えるかな？

られました。長野《ながの》の山並《やまな》みをイメージしたそうで、長野県産《ながのけんさん》のカラマツ材《ざい》が天井《てんじょう》のはりに使《つか》われています。
今《いま》ではいろいろなスポーツの大会《たいかい》や展《てん》示会《じかい》、コンサートなどに使《つか》われており、2018（平成《へいせい》30）年《ねん》には全国高等学校総《ぜんこくこうとうがっこうそう》合文化祭《ごうぶんかさい》の会場《かいじょう》にもなりました。

第《だい》3章《しょう》
●首里城跡《しゅりじょうあと》
（沖縄県那覇市首里金城町《おきなわけんなはししゅりきんじょうちょう》。沖縄都市《おきなわとし》モノレール線首《せんしゅ》里駅下車《りえきげしゃ》、徒歩《とほ》15分《ふん》。）

▲二千円紙幣《にせんえんしへい》に印刷《いんさつ》されている守礼門《しゅれいもん》。

平成《へいせい》12年《ねん》、沖縄《おきなわ》サミット（主要国首脳会《しゅようこくしゅのうかい》議《ぎ》）と西暦《せいれき》2000年《ねん》のミレニアムをきっかけに、二千円紙幣《にせんえんしへい》が新《あたら》しく発行《はっこう》されました。表《おもて》には沖縄《おきなわ》・首里城《しゅりじょう》の守礼門《しゅれいもん》が、裏《うら》には紫式部《むらさきしきぶ》の肖像《しょうぞう》と『源氏物語《げんじものがたり》』の絵図《えず》などが印刷《いんさつ》されています。
守礼門《しゅれいもん》は4本《ほん》の柱《はしら》と二重《にじゅう》の屋根《やね》から成《な》り、赤《あか》い本瓦《ほんがわら》が屋根《やね》に使《つか》われています。太《たい》平洋戦争《へいようせんそう》の沖縄戦《おきなわせん》で焼《や》け落《お》ちてしまいましたが、1958（昭和《しょうわ》33）年《ねん》に再建《さいけん》され、1972（昭和《しょうわ》47）年《ねん》には沖縄県指定有形《おきなわけんしていゆうけい》文化財《ぶんかざい》になりました。首里城《しゅりじょう》は、琉球王国《りゅうきゅうおうこく》の居城《きょじょう》として15世紀《せいき》から約《やく》500年《ねん》にわたり、琉球王国《りゅうきゅうおうこく》の中心地《ちゅうしんち》でした。
首里城跡《しゅりじょうあと》は「琉球王国《りゅうきゅうおうこく》のグスク及《およ》び関連《かんれん》遺産群《いさんぐん》」として、世界遺産《せかいいさん》（文化遺産《ぶんかいさん》）に登録《とうろく》されています（→14P）。

第《だい》4章《しょう》
●鹿児島中央駅《かごしまちゅうおうえき》
（鹿児島県鹿児島市《かごしまけんかごしまし》中央町《ちゅうおうちょう》。）

2011（平成《へいせい》23）年《ねん》に、博多《はかた》～鹿児島《かごしま》中央間《ちゅうおうかん》が全線開通《ぜんせんかいつう》した九州新幹線《きゅうしゅうしんかんせん》。そのターミナル駅《えき》が鹿児島中央駅《かごしまちゅうおうえき》です。駅《えき》に直《ちょっ》結《けつ》する商業施設《しょうぎょうしせつ》「アミュプラザ鹿児島《かごしま》」には観覧車《かんらんしゃ》があり、桜島《さくらじま》を一望《いちぼう》できます。
その後《ご》も全国《ぜんこく》で新幹線《しんかんせん》の開通《かいつう》が続《つづ》きました。2015（平成《へいせい》27）年《ねん》には北陸新幹線《ほくりくしんかんせん》が金沢駅《かなざわえき》まで開通《かいつう》。2016（平成《へいせい》28）年《ねん》には北海道新幹線《ほっかいどうしんかんせん》の新青森《しんあおもり》～新函館北斗《しんはこだてほくと》間《かん》が開業《かいぎょう》します。2019（平成《へいせい》31）年《ねん》3月《がつ》現在《げんざい》、北《きた》は北海道《ほっかいどう》、南《みなみ》は鹿児島《かごしま》までが、新《しん》幹線《かんせん》でつながっています。
さらに、リニア中央新幹線《ちゅうおうしんかんせん》の準備《じゅんび》が進《すす》められています。2027年《ねん》の東京《とうきょう》～名古屋《なごや》間開通《かんかいつう》（最速《さいそく》で40分《ぷん》）、さらに先《さき》には東京《とうきょう》～大阪間開通《おおさかかんかいつう》（最速《さいそく》で67分《ふん》）を目指《めざ》しています。今後《こんご》、日本《にっぽん》の交通網《こうつうもう》はどこまで発達《はったつ》していくのでしょうか。

▲観覧車《かんらんしゃ》の最大高《さいだいこう》はおよそ91メートル。

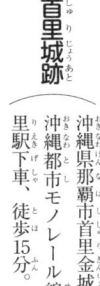

おわりに

平成の30年

歴史コメンテーター・
教育ジャーナリスト・
東進ハイスクール講師
金谷俊一郎

◀東京・銀座の風景（2016年）
東京23区の土地代で、アメリカ全土が買えるといわれたバブル時代。東京・銀座のこのあたりの土地の価格は、1平方メートルあたり3650万円とされた。2017（平成29）年には、それを上回る4032万円となる（国税庁発表）。

本書を最後まで読んでいただきありがとうございます。「平成」について、どれだけ理解していたでしょうか。理解できていなかったからといって恥ずかしいといったことはちっともありません。平成を締めくくるにあたって、本書をきっかけに平成という時代を改めて振り返る機会になっていただければと思います。振り返った上で、しっかりと「知る」ということが重要であると考えます。ここからは各章について振り返っていきます。

●第1章　平成の始まり

平成の始まりと消費税の導入、そしてバブル景気がこの章の柱でした。バブルを懐かしむだけではなく、バブルになった原因であるプラザ合意と日銀の金利引き下げ、バブル崩壊の原因となった大蔵省（現在の財務省）の総量規制について、漫画で使った図解を思い出しながら頭に入れていただければと思います。

●第2章　変わる国際情勢

東西冷戦の終結、湾岸戦争とPKO、55年体制の崩壊、阪神・淡路大震災と地下鉄サリン事件、リストラとデフレと、この章は非常に盛りだくさんでした。

冷戦の終結にともない、世界が日本に求めるものが変わってきたこと、昭和の時代にはあまりみられなかった自然災害や悲惨な事件が数多く起こったことなど、現在の社会問題につながる起点の多くがここにあります。またデフレの仕組みについても、漫画で使った図解を思い出しながら理解していってください。

●第3章　新世紀の諸問題

ここからは21世紀です。デフレスパイラル、聖

◀ 太陽光発電と風力発電
東日本大震災の福島第一原子力発電所事故以来、日本では原子力発電に頼らない、太陽光発電やバイオマス発電など、いわゆる再生可能エネルギーの利用や開発が進められている。二酸化炭素を排出しないため、地球温暖化防止にも役立っている。

域なき構造改革、アメリカの同時多発テロ、インターネット時代、そして東日本大震災がこの章の柱となります。

そもそもなぜテロが起こるのか、なぜデフレはおさまらないのか、なぜ政権交代が起きたのか、インターネット社会の功罪、エネルギー問題についてどう取り組むべきなのかなど、現在、目の前に起こっている問題について考えるためのきっかけとなってもらえればと思います。

●第4章　新しい時代へ

領土問題を中心とした現状の国際問題、アベノミクス、少子高齢化、安保法制などがこの章の柱でした。第1章から第3章までの問題ももちろんですが、とりわけ第4章で扱った問題は、まだ歴史が審判を下していない分野です。私のような歴史を仕事としている人間でも、日々の判断が正しいのか誤っているのかはわかりません。

ただ、すべての現象には起こった原因というものが存在します。なぜ「アベノミクス」をおこなうのか、なぜ少子高齢化になっていくのか、なぜ領土問題をはじめとした国際問題が次から次へと発生していくのか、なぜ安保法制が問題となるのか。歴史を知る上で最も重要なのは、この「なぜ」を知ることなのです。用語や年号を丸暗記することが重要なことではありません。この「なぜ」をまず理解した上で、次に「私たちは、この問題に対してどう対処していくべきなのか」を一人一人がしっかりと考えていくことこそが重要であると考えます。

平成から次の世代にバトンを渡すにあたって、バトンを渡す私たち大人が、平成をきちんと知った上で、しっかりと次の世代に伝えていく。そうすることで歴史というものは活かされていくのです。歴史は繰り返します。悪い歴史はできる限り繰り返さないように、そして良い歴史がどんどん繰り返されていくような世の中にするために、私たちは、今、自分たちの生きたこの平成という時代を知る必要があると考えます。

● 写真
共同通信イメージズ　フォトライブラリー
小学館写真資料室
● イラスト
あおむら純　坂倉彩子
● 装丁・レイアウト
エビタイデザイン　庄司誠
● 本文ＤＴＰ
昭和ブライト

● 制作／浦城朋子
● 資材／斉藤陽子
● 販売／矢崎恵里子
　　　　竹中敏雄
● 宣伝／阿部慶輔
● 編集／安達健裕

漫画でわかる平成の 30 年

2019 年 4 月 1 日　初版第 1 刷発行

漫　画　森　本　一　樹
解　説　金　谷　俊　一　郎
発行者　野　村　敦　司
印刷所　凸版印刷株式会社
製本所　若林製本工場

発行所　株式会社　小　学　館　東京都千代田区一ツ橋 2－3－1
郵便番号 101-8001
電話〔編集〕東京03－3230－5454
〔販売〕東京03－5281－3555

　ISBN-978-4-09-388695-6